Isabelle Péladeau
Lisette Saint-Pierre

FRANÇAIS 3e ANNÉE	MANUEL A

MODULO

Données de catalogage avant publication (Canada)

Péladeau, Isabelle, 1951-

Capsule 3 : français, 3e année : manuel [de lecture]

L'ouvrage complet comprendra 2 v.

ISBN 2-89113-565-2 (v. 1)

1. Lectures et morceaux choisis (Enseignement primaire). I. Saint-Pierre, Lisette, 1949- II. Titre. III. Titre : Capsule trois.

PC2115.P42 1995 448.6 C95-941065-1

Chargé de projet : André Payette
Direction artistique : Marguerite Gouin, Sylvie Richard
Typographie : Dominique Chabot
Conception graphique : Marguerite Gouin
Montage : Marguerite Gouin, Lise Marceau
Maquette de la couverture : Guylaine Bérubé
Révision : François Morin, Michèle Morin, André Payette
Correction d'épreuves : Viviane Houle, Marie Théorêt
Textes : Yolande Demers : p. 53, 54, 93, 97, 98; Claude Lafleur : p. 76, dossier p. 78 à 81; Daniel Laverdure : p. 31; Claude Morin : p. 50, 87, 130; François Morin : p. 119, dossier p. 125 à 127, 128, 129; Danielle Ouellette : dossier p. 61 à 68, 69, 70; Francine Pelletier : p. 122; Jean Provencher : p. 106, 108; Gabriel Samson : p. 72; Claire St-Onge : p. 55, 89, 94, 99; Marie Théorêt : p. 3, 7, 16, 22 (adapt.), 27, 34, 38, 45 (adapt.), 110, 114 (adapt.).
Illustrations : Christiane Beauregard : pages 87-88
Denis Grenier : pages 7-9, 22-24, 130-131
Nicole Lafond : illustration des Stratégos et des pages 1, 13, 14-15, 21, 31-33, 36, 38-40, 53, 54, 89-91, 94-95, 99-101, 110-112
Marie Lafrance : pages 11, 26, 85, 114-117
Ivan Lammerant : pages 45-48, 72-74
Olena Lytvyn : pages 3-5, 93, 97, 98
Céline Malépart : pages 51-52, 59-60
Diane Mongeau (coloriste : Robert Séguin) : 19-20, 61-65, 68, 69, 76-77, 79-81, 127, 128
Christian Naud : logos des capsules
François Thisdale : pages 27-28, 84, 104
Anne Villeneuve : pages 55-58, 122-124
Sélection des couleurs : Quebecor Graphique-couleur

Capsule 3
(manuel de lecture A)

233, av. Dunbar, bureau 300
Mont-Royal (Québec)
Canada H3P 2H4
Téléphone (514) 738-9818
Télécopieur (514) 738-5838

Dépôt légal — Bibliothèque nationale du Québec, 1995
Bibliothèque nationale du Canada, 1995
ISBN 2-89113-**565**-2

Imprimé au Canada
2 3 4 5 **II** 99 98 97 96

TABLE DES MATIÈRES

Thème 5 

Roule, roule, tourne, tourne...

DOSSIER

Des roues partout

Thème 6 

Noël

Thème 7 

Vive l'hiver !

Thème 8

L'ordinateur, toute une machine !

DOSSIER

Les ordinateurs

Des conseils pour bien lire

Pour pouvoir lire des textes écrits dans des milliers de langues, il a fallu que je m'invente de bonnes stratégies en lecture. Je te donne ici des conseils qui te permettront de lire toutes sortes de textes.

Avant de lire

• Demande-toi pourquoi tu lis.

— Est-ce que je lis une histoire pour me détendre ? Est-ce que je lis un texte pour m'informer ? Est-ce que j'ai une tâche à faire après cette lecture ?

• Survole ton texte.

Fais comme le ou la météorologue qui prédit le temps. Cherche des indices dans le texte pour prévoir son contenu.

Si tu lis une histoire, regarde le titre et les illustrations. Essaie de prédire ce qui va se passer.

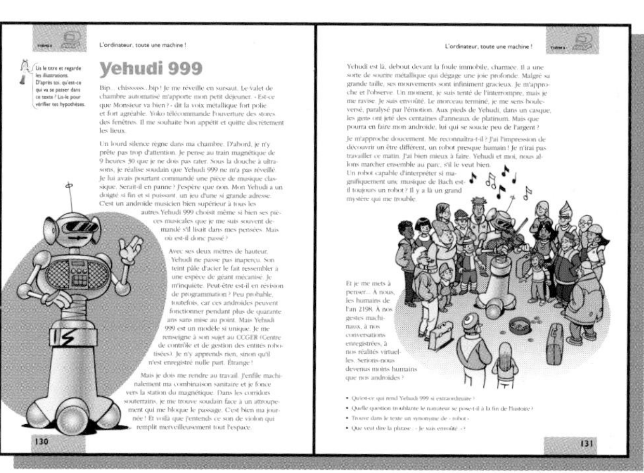

L'ordinateur, toute une machine !

Lis le titre et regarde les illustrations. D'après toi, qu'est-ce qui va se passer dans ce texte ? Lis-le pour vérifier tes hypothèses.

Yehudi 999

Bip... chisssss...bip ! Je me réveille en sursaut. Le valet de chambre automatisé m'apporte mon petit déjeuner. « Est-ce que Monsieur va bien ? » dit la voix métallique fort polie et fort agréable. Yoko télécommande l'ouverture des stores des fenêtres. Il me souhaite bon appétit et quitte discrètement les lieux.

Un lourd silence règne dans ma chambre. D'abord, je n'y prête pas trop d'attention. Je pense au train magnétique de 9 heures 30 que je ne dois pas rater. Sous la douche à ultrasons, je réalise soudain que Yehudi 999 ne m'a pas réveillé. Je lui avais pourtant commandé une pièce de musique classique. Serait-il en panne ? J'espère que non. Mon Yehudi a un doigté si fin et si puissant, un jeu d'une si grande adresse. C'est un androïde musicien bien supérieur à tous les autres. Yehudi 999 choisit même si bien ses pièces musicales que je me suis souvent demandé s'il lisait dans mes pensées. Mais où est-il donc passé ?

Avec ses deux mètres de hauteur, Yehudi ne passe pas inaperçu. Son teint pâle d'acier le fait ressembler à une espèce de géant mécanisé. Je m'inquiète. Peut-être est-il en révision de programmation ? Peu probable, toutefois, car ces androïdes peuvent fonctionner pendant plus de quarante ans sans mise au point. Mais Yehudi 999 est un modèle si unique. Je me renseigne à son sujet au CCGER (Centre de contrôle et de gestion des entités robotisées). Je n'y apprends rien, sinon qu'il n'est enregistré nulle part. Étrange !

Mais je dois me rendre au travail. J'enfile machinalement ma combinaison sanitaire et je fonce vers la station du magnétique. Dans les corridors souterrains, je me trouve soudain face à un attroupement qui me bloque le passage. C'est bien ma journée ! Et voilà que j'entends ce son de violon qui remplit merveilleusement tout l'espace.

130

L'ordinateur, toute une machine !

Yehudi est là, debout devant la foule immobile, charmée. Il a une sorte de sourire métallique qui dégage une joie profonde. Malgré sa grande taille, ses mouvements sont infiniment gracieux. Je m'approche et l'observe. Un moment, je suis tenté de l'interrompre, mais je me ravise. Je suis envoûté. Le morceau terminé, je me sens bouleversé, paralysé par l'émotion. Aux pieds de Yehudi, dans un casque, les gens ont jeté des centaines d'anneaux de platinum. Mais que pourra en faire mon androïde, lui qui se soucie peu de l'argent ?

Je m'approche doucement. Me reconnaîtra-t-il ? J'ai l'impression de découvrir un être différent, un robot presque humain ! Je n'irai pas travailler ce matin. J'ai bien mieux à faire. Yehudi et moi, nous allons marcher ensemble au parc, s'il le veut bien. Un robot capable d'interpréter si magnifiquement une musique de Bach est-il toujours un robot ? Il y a là un grand mystère qui me trouble.

Et je me mets à penser... À nous, les humains de l'an 2198. À nos gestes machinaux, à nos conversations enregistrées, à nos réalités virtuelles. Serions-nous devenus moins humains que nos androïdes ?

- Qu'est-ce qui rend Yehudi 999 si extraordinaire ?
- Quelle question troublante le narrateur se pose-t-il à la fin de l'histoire ?
- Trouve dans le texte un synonyme de « robot ».
- Que veut dire la phrase : « Je suis envoûté. » ?

131

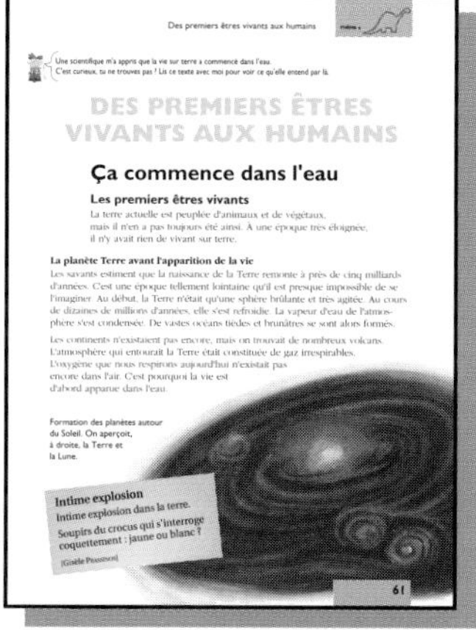

Des premiers êtres vivants aux humains

Une scientifique m'a appris que la vie sur terre a commencé dans l'eau. C'est curieux, tu ne trouves pas ? Lis ce texte avec moi pour voir ce qu'elle entend par là.

DES PREMIERS ÊTRES VIVANTS AUX HUMAINS

Ça commence dans l'eau

Les premiers êtres vivants

La terre actuelle est peuplée d'animaux et de végétaux, mais il n'en a pas toujours été ainsi. À une époque très éloignée, il n'y avait rien de vivant sur terre.

La planète Terre avant l'apparition de la vie

Les savants estiment que la naissance de la Terre remonte à près de cinq milliards d'années. C'est une époque tellement lointaine qu'il est presque impossible de se l'imaginer. Au début, la Terre n'était qu'une sphère brûlante et très agitée. Au cours de dizaines de millions d'années, elle s'est refroidie. La vapeur d'eau de l'atmosphère s'est condensée. De vastes océans tièdes et brunâtres se sont alors formés.

Les continents n'existaient pas encore, mais on trouvait de nombreux volcans. L'atmosphère qui entourait la Terre était constituée de gaz irrespirables. L'oxygène que nous respirons aujourd'hui n'existait pas encore dans l'air. C'est pourquoi la vie est d'abord apparue dans l'eau.

Formation des planètes autour du Soleil. On aperçoit, à droite, la Terre et la Lune.

Intime explosion
Intime explosion dans la terre.
Soupirs du crocus qui s'interroge coquettement : jaune ou blanc ?
(Gisèle Prassinos)

61

Si tu lis un texte d'information, regarde le titre, les sous-titres et les illustrations. Cherche aussi d'autres indices : des mots en caractères gras, des noms propres, des dates. Demande-toi si tu dois remplir une fiche.

• Sers-toi de ce que tu sais déjà.

Pour bien comprendre un texte, va chercher tes connaissances sur l'histoire ou sur le sujet dans ta « boîte personnelle », c'est-à-dire dans ta tête.

Pendant que tu lis

- **Arrête-toi de temps en temps pour t'assurer que tu comprends ce que tu lis.**

  Les phrases doivent te parler ou te faire voir des images. Tu dois continuer à te servir de ta boîte personnelle pour bien comprendre.

- **Si tu lis une histoire, essaie de prévoir la suite au fur et à mesure que tu lis.**

« puis le grand méchant loup...»
Que fera le grand méchant loup ? Hum ! Je pense qu'il va défoncer la porte de la maison des petits cochons.

- **Si tu lis un texte d'information, rappelle-toi ce que tu cherches pour trouver de bons indices.**

Je cherche de l'information sur la nourriture du lion. Voilà ! C'est écrit ici : Une des proies favorites du lion est la gazelle.
J'ai trouvé : le lion mange des gazelles.
LE LION

• Pour mieux lire les mots d'un texte :

Ramène dans ta mémoire les mots que tu sais déjà lire.

Regarde les illustrations. Comme le hibou, observe les mots qui sont avant et après le mot que tu ne connais pas.

Avec ta loupe, cherche à lire les syllabes d'un mot difficile ou cherche le petit mot qui se cache dans un grand mot.

Tu sais que les mots changent leur finale lorsqu'ils sont au féminin ou au pluriel. Ne te laisse pas tromper par les mots masqués.

• Pour mieux faire des liens entre les mots d'une phrase ou entre deux phrases :

Observe la majuscule et le point, le point d'interrogation ou le point d'exclamation. Tu sauras donc où commencent et où finissent les phrases que tu lis. (**.** , **?** , **!**)

Lis par groupes de mots. Cela permet de mieux comprendre le sens des phrases. Aussi, résume la phrase que tu as lue pour retenir ce qui est important.

(Skripta), (ma grande amie), (aime écrire) (tous les jours) (dans son journal de bord).

Skripta écrit un journal.

Cherche les mots qui unissent deux parties de phrase ou deux phrases. Essaie de comprendre le lien que les mots de relation expriment.

Nespa et Skripta sont heureuses de connaître la Terre, ***car*** *c'est une très belle planète.* ***Cependant****, elles voudraient bien pouvoir retourner chez elles un jour.*

Certains mots viennent en remplacer d'autres; ce sont des **mots de substitution**. Efforce-toi de trouver quels mots ils remplacent dans la phrase.

Je *suis ravi de connaître les habitants de la Terre. Les* ***terriens*** *sont très curieux.*

Boukin — habitants

Ils *aiment apprendre à lire et à écrire, tout comme* ***moi.***

terriens — Boukin

La plupart du temps, les phrases d'un texte sont reliées entre elles. Trouve les liens qui les unissent.

parce que

Mes amies adorent voyager dans les livres. Elles apprennent ainsi toutes sortes de choses.

Après avoir lu

Et le grand méchant loup démolit la maison de bois des trois petits cochons. Ensuite...

- **Rappelle-toi l'histoire que tu as lue.**
  Raconte-toi l'histoire dans ta tête ou revois-la en images, comme dans un film. Est-ce que l'histoire s'est déroulée comme tu l'avais imaginé au départ ?

- **Si tu lis un texte d'information, vérifie si tu as trouvé ce que tu cherchais.**
  Dans ta tête, redis-toi en mots ou en images ce que tu as appris. Est-ce que ce texte a répondu aux questions que tu te posais au départ ?

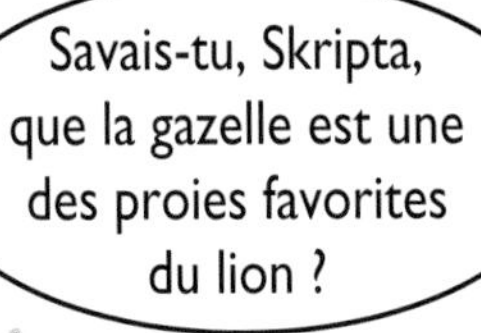

Savais-tu, Skripta, que la gazelle est une des proies favorites du lion ?

- **S'il y a lieu, réponds aux questions ou fais l'activité demandée.**

Des conseils pour bien écrire

Moi, j'écris mon journal de voyage chaque jour depuis des années. J'ai inventé de bonnes stratégies d'écriture. Je te donne ici des conseils qui te permettront d'écrire toutes sortes d'histoires.

Avant d'écrire, réfléchis à ton texte.

- **Demande-toi pourquoi tu écris.**

—Est-ce que je veux raconter une histoire,
donner de l'information,
exprimer mes sentiments ?

- **Pense à ton sujet et choisis tes informations.**

Je peux parler de mon animal préféré, notre chatte Zut, ou du hamster de Boukin, ou du chien de mes amis...
Je choisis de parler de notre chatte.

- **Organise tes idées.**

Fais-toi un plan ou suis les indications qui te sont données.

Mon animal préféré

1. Nom de l'animal

2. Son apparence

3. Ses habitudes

Pendant que tu écris, mets tes idées en mots.

- **Mets tes idées en ordre.**
  Avant de dire que notre chatte est jaune, je la présente :

- **Choisis des mots précis et forme des phrases complètes.**

Zut mange ~~plusieurs choses~~.

Zut mange de la moulée, de la viande et du poisson.

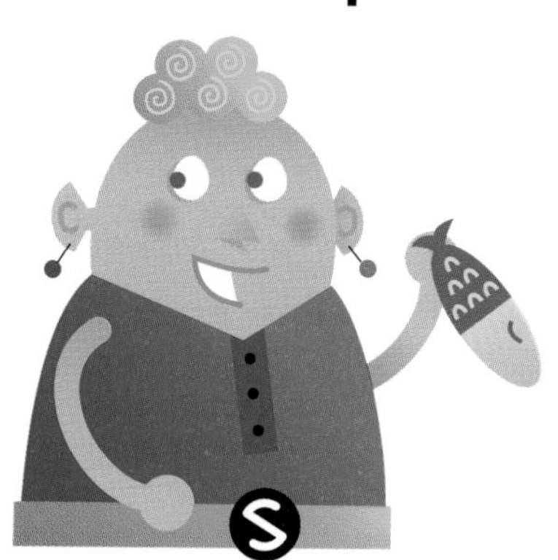

- **Orthographie les mots du mieux que tu peux.**
  Dessine une petite étoile au-dessus des mots que tu ne sais pas orthographier.

Zut aime dormir sur le kanapé. ★

- **Efforce-toi d'accorder les noms, les adjectifs et les verbes.**

Zut lisse ses poils touffu ?.
Ah ! Oui.
Zut lisse ses poils touffu s.

Ne t'arrête pas trop souvent. Tu pourras vérifier l'orthographe et les accords plus tard, quand tu auras terminé ton brouillon.

Après la « mise en mots », relis, vérifie et corrige ton texte.

- **Relis ton texte plusieurs fois pour le réviser.**
  Au besoin, demande l'aide d'un ami ou d'une amie.

- **Vérifie tes idées. Pose-toi les questions suivantes :**

— Est-ce que mon texte donne toutes les informations nécessaires ?
— Est-ce que les informations se rapportent toutes au sujet ?

Oui. Tout ce que j'ai écrit concerne notre chatte Zut.

— Est-ce que mes idées sont en ordre ?
— Est-ce que j'ai choisi des mots qui expriment bien ce que j'avais en tête ?
— Est-ce qu'il manque des mots dans mes phrases ?

Zut méfie des gros chiens.

Oups ! il manque un mot.

Zut ***se*** *méfie des gros chiens.*

Indique le début et la fin de tes phrases en entourant les majuscules et les points en rose.

(Z)ut se méfie des gros chiens (.)
(E)lle a peur d'être pourchassée (.)

- **Vérifie comment les mots s'écrivent :**

Vérifie l'orthographe de chacun des mots que tu as écrits.

Consulte un dictionnaire ou ta liste de mots pour corriger les mots auxquels tu as mis une étoile.

Zut aime dormir sur le canapé.

Accorde les mots qui forment les groupes du nom : les noms, les déterminants et les adjectifs.

Entoure en vert les finales du pluriel en s ou en x, ainsi que les finales en e du féminin.

*Cett**e** joli**e** chatt**e**, comme bien des animau**x**,*
*lisse ses poil**s** touffu**s**.*

Accorde le verbe avec son sujet.

Relie en bleu le verbe à son sujet et trouve la bonne finale du verbe.

Voici les finales :

je : **s e x ai**

tu : **s x**

il, elle, on (nom singulier) : **d a t e**

nous : **ons s**

vous : **ez s**

ils, elles (nom pluriel) : **ent ont**

*Les chats vive**nt** environ dix ans. Zut **a** deux ans. Elle n'es**t** pas très âgée.*
*Elle vivr**a** encore longtemps. J'aur**ai** l'occasion de la caresser*
pendant des années !

Finalise ton texte.

Assure-toi d'avoir bien formé les lettres et bien séparé les mots.

Vérifie si toutes les corrections que tu as faites dans ton brouillon sont dans ton texte final.

Ton texte est terminé. Tu peux maintenant le faire lire à des personnes de ton choix.

Connais-tu les Stratégos ? Ce sont trois personnages aux habiletés étonnantes que tu auras l'occasion de mieux connaître au cours de l'année. Lis ce texte qui te les présente.

Trois Stratégos partent en mission

Partis de très loin, trois jeunes Stratégos ont abouti sur notre Terre par une belle nuit de septembre. Tu te demandes qui sont les Stratégos ?

Les Stratégos, les voici :

Boukin

Tranquille, timide et frileux, Boukin n'aime pas qu'on bouscule ses habitudes. Il déteste les voyages, sauf les voyages d'étude. Mais ses amies Nespa et Skripta le traînent partout, parce qu'elles ne peuvent pas se passer de lui. Grâce à sa mémoire phénoménale, il a accumulé une foule de connaissances dans tous les domaines. De plus, il connaît déjà 1383 langues parlées ou écrites.

Nespa

Nespa pose des questions sur tout, partout, tout le temps. Quand ses amis lui demandent de se taire, elle « rentre dans sa tête », comme elle dit. Il faut se méfier de ces moments-là, car elle oublie alors tout ce qui l'entoure. Boukin et Skripta pensent que c'est une distraction de Nespa qui les a amenés sur Terre. Mais ils savent aussi que seule Nespa pourra les conduire à Kipa. Nespa a des plans et des stratégies pour tout et elle ne fait pas deux fois les mêmes erreurs.

Skripta

Hardie, Skripta est toujours prête à partir pour de nouvelles aventures. Malheureusement, à cause de son impatience, elle se retrouve parfois dans des situations difficiles. Peu lui importe, d'ailleurs. Elle note tout ce qui lui arrive dans son journal. Le journal de voyage de Skripta est célèbre dans toute la galaxie.

- D'après toi, d'où viennent les Stratégos ?
- Lequel des Stratégos te semble le plus intéressant ? Pourquoi ?
- En feuilletant les pages de ton manuel, trouve à quoi s'intéressent plus particulièrement les Stratégos.

Un peu d'ordre !

oamirkjoielneuhitabeaimnos
C'est du français, Boukin, mais du français mêlé. Et du français mêlé, ça n'a aucun sens, comme tu vois. Parfois, mes jeunes amis terriens écrivent en français mêlé et on n'arrive pas à les comprendre. Démêlons tout ça...

C'est curieux ! Je ne connais pas cette langue, Skripta !

En écriture :

1. Il faut absolument espacer les mots.

oamirk joiel neu hitabe aimnos

2. Il faut placer correctement les lettres qui forment chaque mot.

mariko jolie une habite maison

3. Il faut écrire les mots de la phrase dans un ordre logique.

mariko habite une jolie maison

4. Il faut indiquer le début et la fin de chaque phrase en employant une majuscule et un point.

Mariko habite une jolie maison.

Il faut ensuite relire chacune de nos phrases pour nous assurer que nous n'avons pas oublié d'écrire certains mots importants. Une phrase qui n'a pas de sens, ce n'est pas une phrase.

Une phrase, c'est un ensemble de mots qui a du sens !

J'ai bien hâte de lire ces textes qui me présentent les humains de la planète Terre. Lis-les avec moi. Pour lire les mots difficiles, n'oublie pas de suivre les conseils de Boukin.

À quoi ressemblent les terriens ?

Moi, je suis japonaise

François Frigon

Je m'appelle Mariko. J'ai huit ans. Je suis japonaise. J'ai les yeux **bridés**. Ils ont un peu la forme d'une amande. Mes cheveux sont raides et noirs. Aujourd'hui, comme c'est un jour de fête, j'ai mis un **kimono**, le vêtement traditionnel de mon pays. C'est une robe longue et ample attachée avec une large ceinture, qu'on appelle **obi**.

r cette photo, on voit ma ère en kimono, à genoux r un tatami.

J'habite un logement dans un immeuble de Tokyo, la capitale du Japon. Cette ville compte plus de douze millions d'habitants. Notre appartement a cinq pièces : une salle à manger, deux chambres à coucher, une cuisinette et une salle de bains. Les planchers des chambres et de la salle à manger sont recouverts de **tatamis**. Ce sont des tapis épais sur lesquels nous nous assoyons et déroulons notre **futon**.

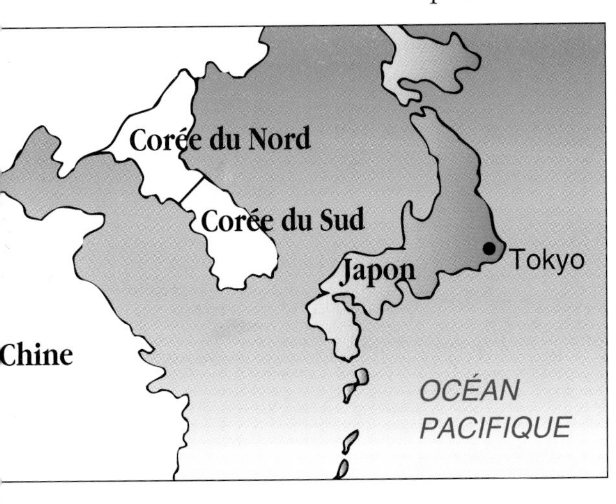

À l'école, comme toutes les écolières et tous les écoliers japonais, je porte un uniforme. Nous apprenons à lire et à écrire notre langue, qui comporte plusieurs **caractères** très jolis.

安全のために

Mon pays est un **archipel**, un groupe d'îles qui baignent dans l'océan Pacifique. On y trouve plusieurs volcans. Le Japon est un tout petit pays, environ vingt-cinq fois plus petit que le Canada.

- Comprends-tu le sens des mots en caractères gras ? Quels conseils de Boukin as-tu suivis pour deviner le sens de ces mots ?

Moi, je suis sénégalais

Je m'appelle Youssou. J'ai huit ans. Je suis sénégalais. J'ai les yeux noirs et brillants. Mes cheveux sont noirs et **crépus**. Je m'habille habituellement d'une simple camisole à manches courtes et d'un pantalon court en coton, de couleur pâle.

J'habite un tout petit village. Ma maison est faite de terre cuite et elle est couverte d'un toit de **chaume**. Dans ma maison, il y a une seule pièce. Comme il fait chaud toute l'année au Sénégal, nous n'avons pas besoin de système de chauffage.

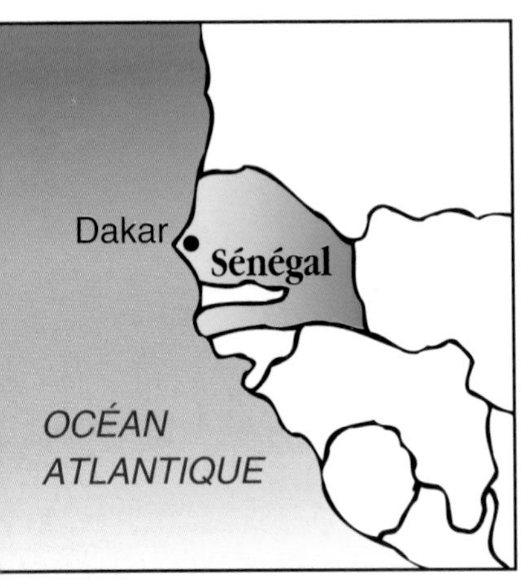

À la maison, je parle le **wolof**. C'est notre langue nationale. À l'école, j'apprends à lire et à écrire en français. Je fréquente l'école du village, où notre enseignante fait souvent la classe en plein air. J'aime beaucoup aller à l'école, mais je dois de temps en temps m'absenter pour aider mes parents aux travaux des champs.

J'aime enlever mes sandales pour courir pieds nus sur les plages de sable. Mon pays est **bordé** par l'océan Atlantique. C'est un des pays les plus modernes de l'Afrique.

- Quels indices du texte t'ont permis de comprendre le sens des mots en caractères gras ?

Fondation Paul-Gérin Lajoie

Moi, je suis inuit

Je m'appelle David. J'ai huit ans. Je suis inuit. J'ai les yeux bridés moi aussi, et mes cheveux sont noirs et raides. C'est un héritage de mes **ancêtres** qui seraient venus d'Asie il y a des milliers d'années en voyageant sur les glaces. Je m'habille comme la plupart des jeunes Canadiens, mais il m'arrive aussi de porter des vêtements inuits traditionnels. Ce sont des vêtements chauds confectionnés avec le cuir des peaux d'animaux que nous chassons.

J'habite le Grand Nord canadien. Chez nous, les glaces ne disparaissent presque jamais et le sol reste gelé toute l'année. Autrefois, mes ancêtres utilisaient la neige et la glace pour construire des **igloos**. Aujourd'hui, nous achetons des matériaux du Sud pour bâtir nos maisons. Nous utilisons du bois, du béton et divers **matériaux** isolants.

Mon école est un édifice moderne. J'y apprends à lire et à écrire ma langue, l'**inuktitut**. C'est une langue qui s'écrit avec des caractères semblables à ceux-ci : ᓴᓂᑭᓪᓗᐊᑦ. Ce que j'aime le plus à l'école, c'est d'écouter mon enseignant raconter les légendes inuites.

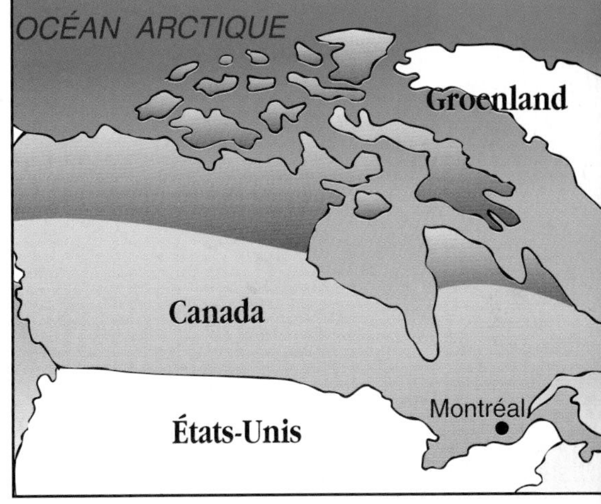

- As-tu réussi à trouver le sens des mots en caractères gras ?
- Y a-t-il d'autres mots du texte que tu as eu de la difficulté à comprendre ? Comment as-tu fait pour en trouver le sens ?
- Compare maintenant les trois personnages qui t'ont été présentés.

QUELQUES CONSEILS

Les syllabes

Pour apprendre à orthographier un mot, il est souvent utile de le diviser en syllabes, surtout lorsque le mot est long. Cela te permettra de bien épeler le mot et de mieux le retenir.

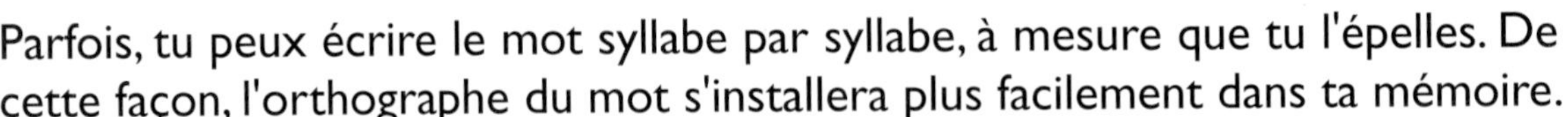

Parfois, tu peux écrire le mot syllabe par syllabe, à mesure que tu l'épelles. De cette façon, l'orthographe du mot s'installera plus facilement dans ta mémoire.

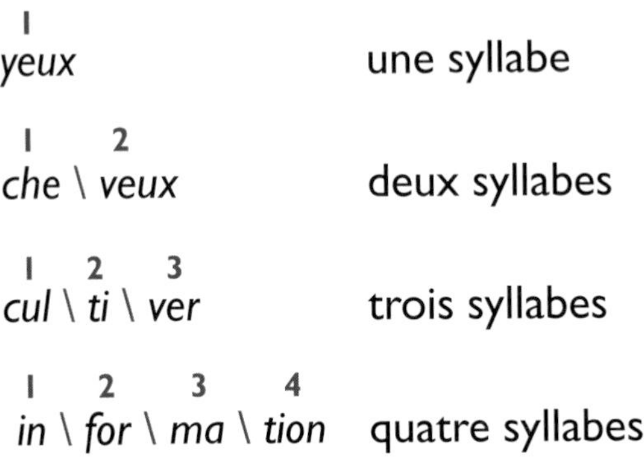

1 *yeux*	une syllabe
1 2 *che \ veux*	deux syllabes
1 2 3 *cul \ ti \ ver*	trois syllabes
1 2 3 4 *in \ for \ ma \ tion*	quatre syllabes

En français écrit, la finale muette est considérée comme une syllabe : ar \ bre.

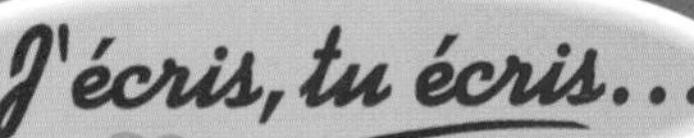

J'écris, tu écris...

Nous avons appris des choses très intéressantes sur Mariko, Youssou et David. Nous aimerions que tu t'amuses à te présenter à ton tour. Décris-toi, mais sans signer ton message. Donne suffisamment de détails pour que tes amis puissent te reconnaître.

Réfléchis à ton texte.

- Décris ta taille, la couleur de tes yeux, tes vêtements...

Mets tes idées en mots.

- Emploie des mots précis et forme des phrases complètes.

Relis, vérifie et corrige ton texte.

- Une personne de la classe, choisie au hasard, lira ton texte. Si tu as donné assez d'indices, elle te reconnaîtra. Sinon, tu devras reprendre ton texte pour y ajouter de nouvelles informations.

Finalise ton texte.

- Mets ton brouillon au propre. Tous les textes de la classe seront ensuite réunis pour le jeu de devinettes.

Lis les sous-titres pour connaître le sport préféré de quatre jeunes de ton âge. Rappelle-toi ce que tu connais sur chacun de ces sports pour mieux comprendre ce que ces jeunes te disent.

Mon sport préféré

Le soccer

Mon sport préféré, c'est le soccer. C'est un sport qui est pratiqué par des centaines de millions de personnes dans le monde entier.

Le fonctionnement du jeu est assez simple. Il s'agit, à l'aide de coups de pied, d'envoyer le ballon dans le but de l'équipe adverse. Pour frapper le ballon, on peut se servir de toutes les parties du corps, sauf des mains. Ce qu'il y a de plus intéressant dans ce sport, c'est qu'il exige beaucoup de rapidité et d'agilité. Je m'entraîne pendant des heures. Je fais rebondir le ballon avec mes pieds, mes genoux et mes jambes. Je m'exerce à faire des feintes pour déjouer mes adversaires.

Ce que j'aime aussi du soccer, c'est qu'on peut y jouer à peu près n'importe où. Pas besoin d'avoir un équipement coûteux. Il suffit d'avoir un bon ballon, un terrain assez grand et une bande de gars et de filles en bonne forme qui ont envie de s'amuser ensemble.

Myriam

Le baseball

Pour moi, le plus beau sport du monde, c'est le baseball. Je joue dans une équipe organisée et je m'améliore chaque jour.

Les règles du baseball sont nombreuses et compliquées. En gros, disons que deux équipes de neuf joueurs s'affrontent pendant neuf manches. Les joueurs de l'équipe offensive viennent tour à tour au marbre pour frapper la balle et courir sur les sentiers. L'équipe défensive doit intercepter les balles frappées, et tenter de retirer les frappeurs. C'est un jeu qui demande de l'intelligence, de la stratégie, de la vitesse et beaucoup d'adresse.

Au baseball, il y a des moments très intenses. Il y a le son sec du bâton au contact de la balle, la course excitante sur les sentiers, la glissade au marbre pour marquer le point gagnant.

Ce que j'aime le plus, c'est de retrouver chaque semaine les gars de mon équipe. Nous sommes tous devenus de grands amis.

Jean-Luc

Le cyclisme

Ce n'est pas pour rien qu'on a appelé la bicyclette « la petite reine ». C'est une machine très perfectionnée. Savais-tu que c'est le véhicule qui permet de parcourir les plus grandes distances avec la plus faible dépense d'énergie ? Haut rendement et pollution zéro. Je crois que la bicyclette est vraiment le moyen de transport de l'avenir !

J'adore faire de longues randonnées à bicyclette sur les pistes cyclables. On peut y circuler en toute sécurité en admirant le paysage. Maintenant, je peux pédaler pendant des heures sans me fatiguer, parce que mes jambes sont devenues très musclées. Faire de la bicyclette, c'est amusant, mais c'est aussi un excellent exercice.

Au printemps prochain, j'aurai une bicyclette toute neuve, une bicyclette de montagne. Je ferai de la randonnée en forêt dans les sentiers de terre.

Za-young

La natation

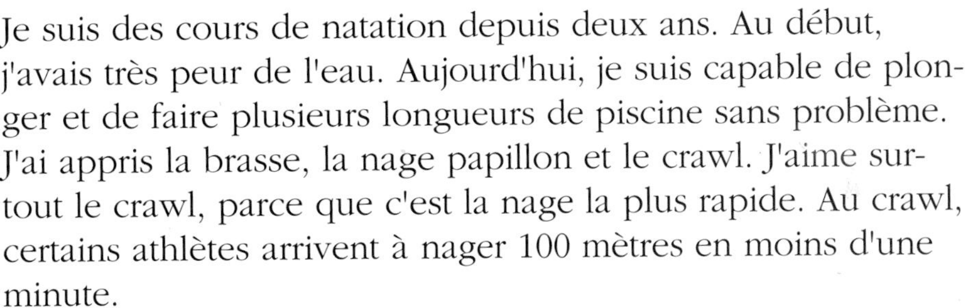

Je suis des cours de natation depuis deux ans. Au début, j'avais très peur de l'eau. Aujourd'hui, je suis capable de plonger et de faire plusieurs longueurs de piscine sans problème. J'ai appris la brasse, la nage papillon et le crawl. J'aime surtout le crawl, parce que c'est la nage la plus rapide. Au crawl, certains athlètes arrivent à nager 100 mètres en moins d'une minute.

Dans mes cours, je n'apprends pas seulement à nager, mais aussi à sauver des vies. Je sais comment tendre une perche ou lancer une bouée à une personne qui risque de se noyer. J'ai appris comment ranimer une personne noyée. J'ai encore une foule de choses à apprendre, mais je ne me décourage pas. Plus tard, je veux faire de la compétition, puis devenir instructrice en natation.

Chaque fois que je nage à la piscine, je me sens fière de moi. Je pense que c'est parce que j'ai appris à surmonter ma peur de l'eau.

Madeleine

- Pourquoi Myriam, Jean-Luc, Za-young et Madeleine aiment-ils surtout leur sport ?
- Toi, quel est ton sport préféré ?
- Observe les finales des verbes conjugués avec **je**. Que remarques-tu ?

QUELQUES
CONSEILS

Alerte aux pronoms **je et j'**

Veux-tu apprendre comment accorder le verbe lorsqu'il est conjugué avec **je** ou **j'** ? C'est important, parce que c'est lui, le pronom, qui décide de l'accord du verbe.

Observe :

je sui**s**	je peu**x**	je voi**s**	j'**ai**	je vien**s**
je parl**e**	j'oubli**e**	j'all**ais**	je veu**x**	je parler**ai**

Je vois qu'il y a quatre finales :
le **s**, le **e**, le **x** et le **ai**.

Observe le tableau suivant :

Pour les verbes en **ir**, **oir**, **re** : **s**	Pour les verbes en **er** : **e**	Trois exceptions : **x**
ê**tre** ➜ je sui**s** v**oir** ➜ je voi**s** ven**ir** ➜ je vien**s**	parl**er** ➜ je parl**e** oubli**er** ➜ j'oubli**e** mang**er** ➜ je mang**e**	voul**oir** ➜ je veu**x** pouv**oir** ➜ je peu**x** val**oir** ➜ je vau**x**

J'observe autre chose.
Écoute bien, Skripta. J'entends **é** :
la finale est **ai**.
J'entends **è** : la finale est **ais.**
Tu as tout à fait raison.
Voici un autre conseil : n'oublie
pas qu'avec le **je**, la finale du
verbe n'est jamais **es**.

J'entends **[é]**	J'entends **[è]**
j'ir**ai**	j'all**ais**

Moi, je n'aime que les voyages imaginaires. Je t'invite à partir avec moi en lisant ce poème. Laisse-toi porter par son rythme.

Les pas qui ne sont pas perdus pour tout le monde

— Où vous mènent vos pas, jeune homme ?
— *À l'étang, voir si l'eau est bonne.*
— Où vous mène le pas d'après ?
— *Courser la sauterelle au pré.*
— Où vous mènent vos pas ensuite ?
— *À courir le chat qui s'enfuite.*
— Où vous mènent vos pas enfin ?
— *Là où la route n'a pas de fin.*
Et c'est comme ça que ça arrive,
un pas, un autre, et on dérive.
On fait la journée buissonnière,
à l'étourdie, à la légère.
On n'est nulle part, on est en l'air,
enfant volé de l'atmosphère.
Ce sont de mauvaises manières.
On fait du chagrin à sa mère.
— *Mais comment découvrir le monde ?*
La route est longue, la terre est ronde.

Claude Roy

(*Enfantasques*, © Éditions Gallimard.)

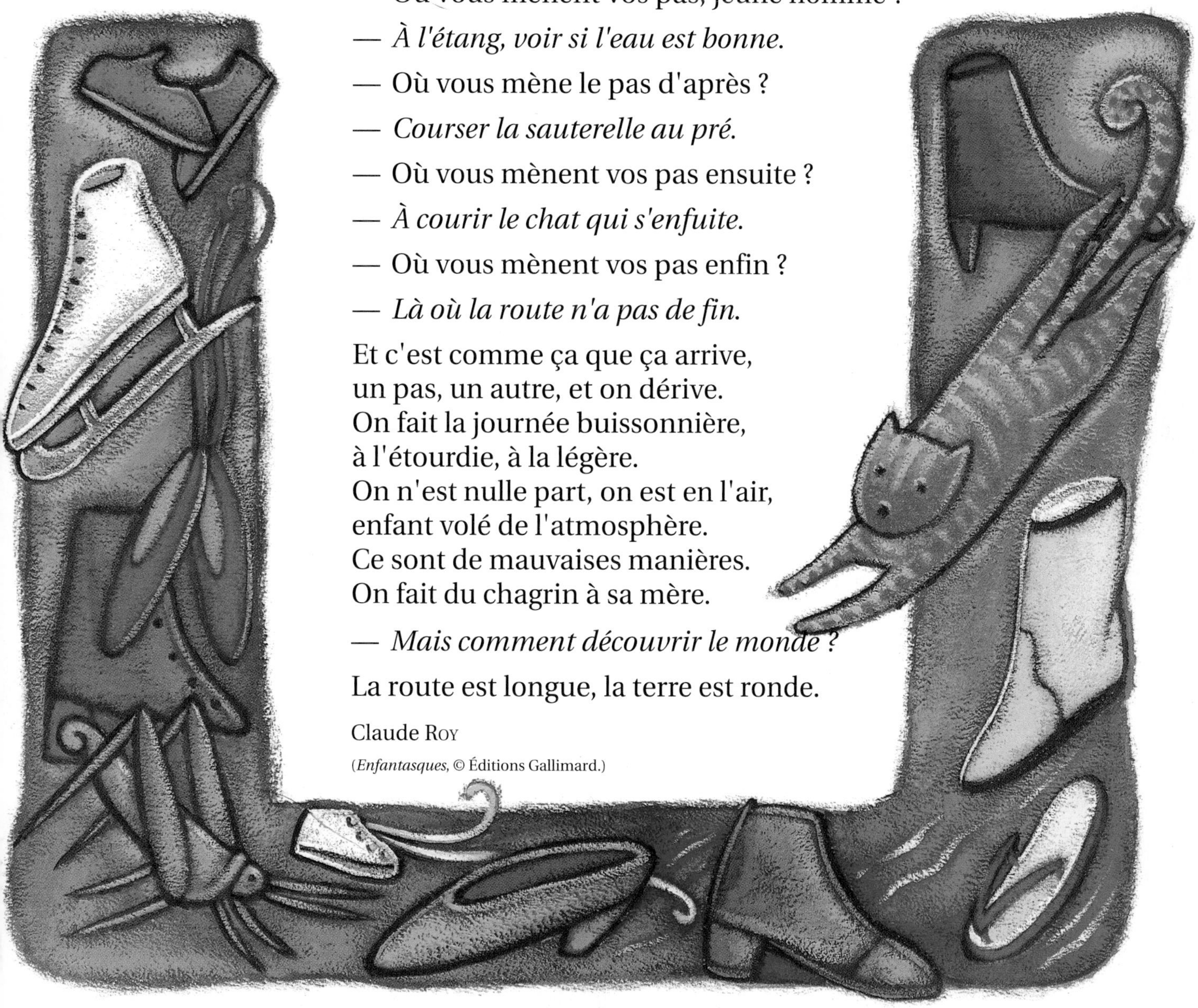

- Quel est le sujet principal de ce poème ?
- Quelles rimes trouves-tu les plus intéressantes ?
- Sais-tu ce que signifie « On fait la journée buissonnière » ? Consulte un dictionnaire au besoin.

L'alphabet et le dictionnaire

Tous les mots français de tous les livres du monde sont formés à partir de 26 lettres :

a *b c d* ***e*** *f g h* ***i*** *j k l m n* ***o*** *p q r s t* ***u*** *v w x* ***y*** *z*

Sais-tu comment on appelle les lettres en caractère gras ? Et les autres lettres ?

Cet ensemble de lettres s'appelle l'alphabet. Il est important de retenir l'ordre des lettres de l'alphabet pour pouvoir trouver rapidement des mots dans un dictionnaire. L'ordre alphabétique est un outil précieux dont tu te serviras toute ta vie !

Le dictionnaire

Dans un dictionnaire, tous les mots qui commencent par la même lettre sont groupés ensemble. Ils sont écrits dans l'ordre alphabétique d'après la deuxième, puis la troisième, puis la quatrième lettre du mot, et ainsi de suite.

Exemple :

camarade, caractère, chambre, chemise, cheveu

Consulter un dictionnaire, ce n'est pas difficile quand on maîtrise bien l'ordre alphabétique et qu'on sait lire un dictionnaire.

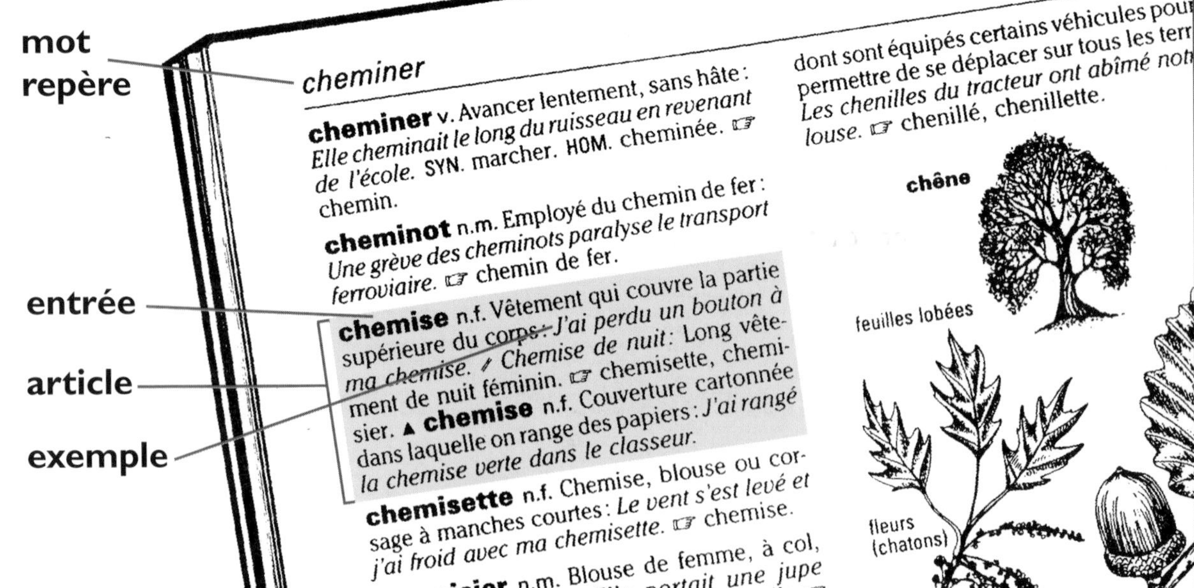

mot
repère
entrée
article
exemple
cheminer
cheminer v. Avancer lentement, sans hâte : Elle cheminait le long du ruisseau en revenant de l'école. SYN. marcher. HOM. cheminée. ☞ chemin.
cheminot n.m. Employé du chemin de fer : Une grève des cheminots paralyse le transport ferroviaire. ☞ chemin de fer.
chemise n.f. Vêtement qui couvre la partie supérieure du corps : J'ai perdu un bouton à ma chemise. ∥ Chemise de nuit : Long vêtement de nuit féminin. ☞ chemisette, chemisier. ▲ chemise n.f. Couverture cartonnée dans laquelle on range des papiers : J'ai rangé la chemise verte dans le classeur.
chemisette n.f. Chemise, blouse ou corsage à manches courtes : Le vent s'est levé et j'ai froid avec ma chemisette. ☞ chemise.
chemisier n.m. Blouse de femme, à col,
dont sont équipés certains véhicules
permettre de se déplacer sur tous les
Les chenilles du tracteur ont abîmé
louse. ☞ chenillé, chenillette.
chêne
feuilles lobées
fleurs
(chatons)

Voici une bonne façon de faire travailler ton imagination.
Lis d'abord l'histoire de Frimousse, puis imagine la fin.

En voyage

Frimousse en voyage

Il était une fois une petite chienne à poil très ras que tout le monde appelait Frimousse. Elle habitait le plus haut immeuble de la plus grande ville du monde. Tous les voisins l'adoraient, Frimousse. Chaque jour, ils la taquinaient gentiment.

Toutes ces taquineries rendaient Frimousse furieuse, mais elle était bien trop polie et bien trop timide pour se plaindre. Elle avait donc décidé de s'enfermer dans sa chambre et de ne sortir qu'à la nuit. Dans sa chambre, elle ne rêvait qu'à une chose : partir en voyage, le plus loin possible, le plus tôt possible.

Une nuit d'été, Frimousse admirait le ciel étoilé de sa terrasse du 120e étage. Soudain, elle aperçut au loin un étrange point lumineux. Non, se dit-elle, non, ce ne peut pas être une étoile. Frimousse enfila vite son sac à dos. Elle comprit qu'elle partirait cette nuit même.

Quel moyen de transport Frimousse a-t-elle utilisé ? Une montgolfière, un avion, une soucoupe volante...

Où Frimousse est-elle partie ? À la mer, dans un autre pays, dans un autre monde...

Que voit-elle ? Des oiseaux, des animaux bizarres, des êtres étranges...

Comment se sent-elle ? Calme, heureuse, nerveuse, excitée...

- Est-ce que les questions posées t'ont été utiles pour imaginer la suite de l'histoire ?
- En te servant des questions, termine l'aventure de Frimousse.

Tous les humains n'apprennent pas de la même façon. Nous te proposons ici un petit test qui te renseignera sur la façon dont tu t'y prends pour acquérir de nouvelles notions.

Test

Une leçon de japonais

Veux-tu savoir comment tu apprends ? Voici un petit test amusant qui te renseignera sur ta façon d'acquérir des notions nouvelles.

Observe pendant cinq minutes ce caractère japonais qui signifie « penser ».

Ensuite, tu devras refermer ton livre et reproduire ce caractère sur une feuille en t'aidant seulement de ta mémoire.

As-tu bien réussi le test ? Si oui, nomme le Stratégo qui te ressemble le plus par sa façon d'apprendre.

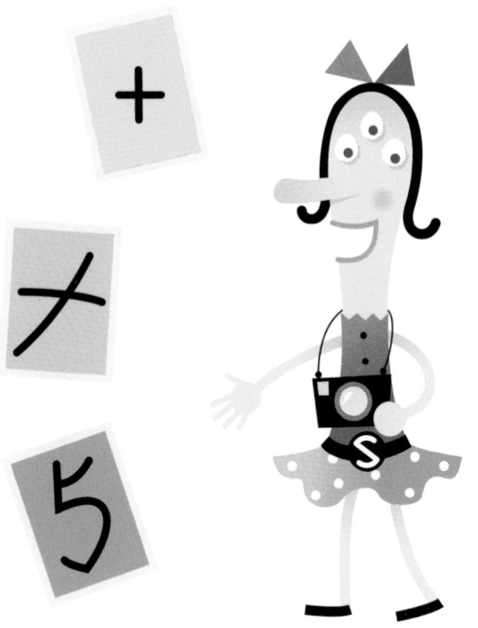

Nespa

J'ai regardé le caractère japonais et je l'ai comme « photographié ». Je l'ai fait exister dans ma tête avec des images.

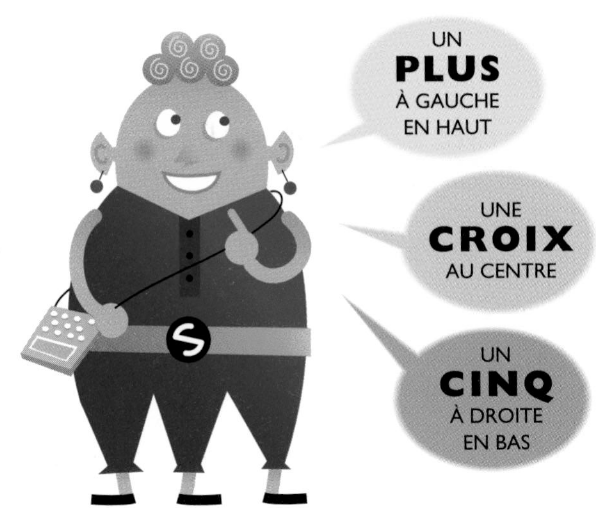

UN PLUS À GAUCHE EN HAUT
UNE CROIX AU CENTRE
UN CINQ À DROITE EN BAS

Skripta

J'ai regardé le caractère japonais et je me suis dit comment il était construit. Je l'ai fait exister dans ma tête avec des mots.

Boukin

Moi, j'ai utilisé les deux moyens. J'ai fait exister le caractère dans ma tête avec des images et des mots.

Est-ce que tu apprends comme Nespa, comme Skripta ou comme Boukin ?
Lorsque tu apprendras de nouvelles notions, vérifie de quelle façon tu apprends le mieux.

Voici ce que les psychologues disent des jeunes de ton âge :

— Ils travaillent et ils jouent avec beaucoup d'ardeur;

— Ils dorment bien et calmement;

— Ils ont une excellente santé;

— Ils ont un surplus d'énergie à dépenser;

— Ils sont indépendants et raisonnables;

— Ils sont patients et responsables;

— Ils ont une grande sensibilité;

— Ils n'ont peur de rien, ou presque;

— Ils savent organiser leur temps;

— Ils aiment généralement l'école et la lecture;

— Ils ont un sens extrêmement poussé de la justice.

Es-tu d'accord avec ce portrait ?

Fondation Paul-Gérin Lajoie

- As-tu trouvé le test difficile ? Aurais-tu eu besoin de plus de temps pour le réussir ?
- Propose le test à tes amis ou à tes parents. Explique-leur bien à quoi il sert.

As-tu une idée de tout ce que tu as appris depuis ta naissance ? Lis ce texte. Il te donnera un bon aperçu des grandes étapes de ton développement.

Tu as fait beaucoup de chemin !

À la naissance

Tu ne sais pas ce que veut dire « hier » ou « demain ». Tu t'agrippes à ta mère. Tu ne fais vraiment pas de différence entre elle et toi.

Entre 4 mois et 8 mois

Tu te mets à imiter des gestes. Si on cache un de tes jouets, tu ne le cherches pas. C'est comme s'il n'existait plus.

Un an

Tu as appris à marcher. Tu as une vue perçante et agile. Tu sais que les objets existent même quand tu ne les vois pas.

Quatorze mois

Tu viens de comprendre que le bébé que tu vois dans le miroir, c'est toi !

Dix-huit mois

Tu apprends des mots. Tu dis des phrases très incomplètes comme « De l'eau. », « Moi, froid. »

Deux ans

Tu crois que les choses et les gens t'obéissent. Si tu allumes le téléviseur, tu crois que c'est toi qui fais apparaître les images.

Trois ans

Tu penses que les choses sont comme des êtres vivants. Par exemple, si le vent fait claquer la porte, tu dis qu'il est méchant.

Quatre ans et cinq ans

Tu as des souvenirs, des idées. Tu racontes des histoires. Tu parles aux autres, mais tu n'écoutes pas vraiment ce qu'ils te répondent. Tu n'es pas encore capable de comprendre qu'un contenant bas et large puisse contenir autant de jus qu'un contenant haut et étroit.

Six ans

Tu as de la difficulté à faire des opérations mathématiques dans ta tête. Il faut que tu calcules avec des objets comme des cubes, des règles, des jetons.

Sept ans et huit ans

On dit que tu as « l'âge de raison ». Tu ne crois plus tout ce qu'on te dit. Tu doutes. Tu te poses de grandes questions : D'où viennent les étoiles ? Où vont les animaux quand ils meurent ?

Neuf ans

Tu t'intéresses à tout : la naissance, la vie, la mort, les pays lointains, les humains préhistoriques, les galaxies, etc. Tu classes, tu collectionnes, tu organises. Tu fais des liens entre le passé et le futur. Ton esprit est prêt pour toutes les découvertes imaginables !

- Quelles informations du texte as-tu trouvées les plus étonnantes ?
- Peux-tu trouver d'autres habiletés que tu as acquises depuis ta naissance ? Demande à tes parents de t'aider à en trouver.
- Observe les finales des verbes conjugués avec **tu**.

Je parle, tu parles...

- Quelle est ton activité préférée ? Pourquoi aimes-tu tant cette activité ? Peux-tu nommer une habileté que tu as appris à développer pour la réaliser ?
- Forme une équipe avec des amis. Répondez à tour de rôle à chacune des questions précédentes, une question à la fois. Attention ! Pour avoir le droit de répondre, il faudra redire ce que l'équipière ou l'équipier de gauche aura répondu. Vous additionnez les réponses au fur et à mesure des questions. Regarde bien cet exemple avec Boukin, Skripta et Nespa.

Nespa : J'aime faire des recherches.

Skripta : Nespa aime faire des recherches, et moi, j'aime écrire mon journal.

Boukin : Skripta aime écrire son journal, et moi, j'aime lire.

Nespa : Boukin aime lire, et moi, j'aime faire des recherches, parce que je suis curieuse.

Skripta : Nespa aime faire des recherches, parce qu'elle est curieuse. Moi, j'aime écrire mon journal pour pouvoir raconter tous mes souvenirs...

- Une fois l'activité terminée, tu transmets au reste de la classe ce tu as appris sur l'autre.

QUELQUES CONSEILS

Alerte au pronom **tu**

Peux-tu m'aider à bien accorder les verbes avec **tu**, Skripta ?
Oui. Regarde bien :
Tu ne sais pas.
Tu t'agrippes.
Tu vois ? Avec **tu**, tous les verbes que tu écris se terminent par un **s**. C'est facile, non ?

Trois exceptions à retenir : **tu** peu**x**, **tu** veu**x**, **tu** vau**x**.

Mets ce tableau dans ta tête :

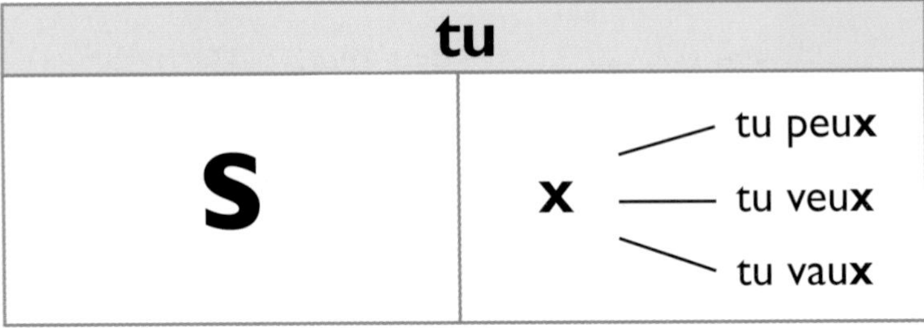

tu	
S	**x** — tu peu**x**, tu veu**x**, tu vau**x**

Colle tes deux poings et tu auras une bonne idée de la grosseur de ton cerveau. Lis ce texte sur le cerveau pour connaître une des plus grandes merveilles de l'univers.

Le cerveau, une merveille

Le cerveau ressemble à une grosse noix molle, gris-rose et affreusement ridée. L'enveloppe du cerveau s'appelle le **cortex**. C'est la partie la plus évoluée du cerveau. Le cortex est divisé en deux parties. Le cortex gauche s'occupe du côté droit du corps et le cortex droit, du côté gauche.

Chez les humains, le cortex est tellement développé qu'il doit se replier sur lui-même pour avoir une place dans le crâne. En fait, si on le dépliait, il couvrirait plus de la moitié d'une grande table de travail. Chez les reptiles et les oiseaux, le cortex est tout petit et il est lisse.

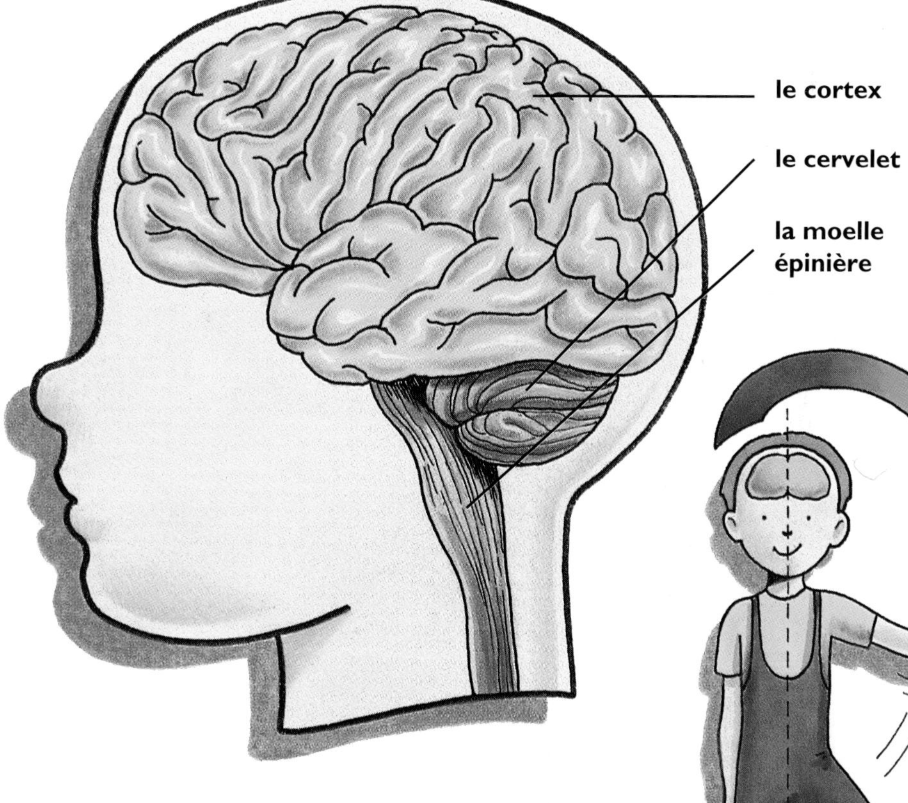

le cortex

le cervelet

la moelle épinière

Chaque hémisphère du cerveau traite l'information qui provient du côté opposé du corps. Ainsi, c'est l'hémisphère gauche du cerveau d'Émelyne qui commande les mouvements de son bras droit et de sa jambe droite. Quel hémisphère du cerveau de Louis commande les mouvements de son bras gauche et de sa jambe gauche ?

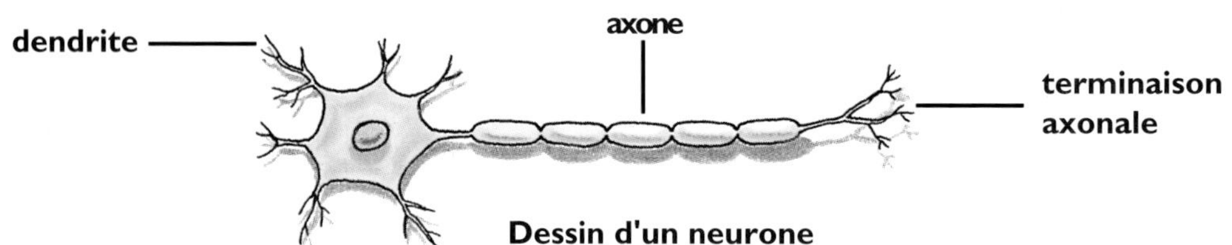

Dessin d'un neurone

Le cerveau fonctionne à l'aide de cellules connectées les unes aux autres. Ce sont les **neurones**. Les humains possèdent environ 100 milliards de neurones. Un savant a comparé les neurones à de petits lutins qui communiquent des messages à des milliers d'autres petits lutins. Leur plus grand plaisir est de se chatouiller, de s'agacer. Plus il y a de liens entre eux, plus l'intelligence est développée.

Imagine un gratte-ciel de cinquante étages qui serait grand comme notre province. Voilà l'espace qu'il faudrait remplir d'ordinateurs pour arriver à la même puissance que celle d'un cerveau humain !

Chez certains individus, l'une des parties du cerveau fonctionne mal. Dans certains cas, l'autre partie devient alors capable de choses assez extraordinaires. C'était le cas des frères jumeaux John et Michaël Jones qui pouvaient :

- dire instantanément le jour de la semaine de n'importe quelle date du passé ou du futur sur une période de 80 000 ans;
- se souvenir en détail de tous les événements qui s'étaient passés dans leur vie depuis quarante ans;
- dire en un seul coup d'œil combien d'allumettes s'étaient renversées sur le sol (cent onze).

- Quelle information du texte as-tu trouvée la plus impressionnante ?
- Ce texte a-t-il répondu à tes interrogations ?

Pour construire une histoire

Quand j'écris une histoire, je suis toujours un plan simple. En voici un exemple :

1. Une situation de départ (qui ?, où ?, quand ?)

Il était une fois une petite clé tout argentée qui vivait avec ses amies dans un joli trousseau.

2. Un événement déclencheur

Un jour, on jeta la serrure de la porte qu'ouvrait la petite clé. Comme elle ne servait plus à rien, la petite clé fut retirée du trousseau. On la jeta dans un fossé, au bord d'une route de campagne.

3. Une ou des tentatives pour résoudre le problème

La petite clé appela à l'aide, mais personne ne l'entendit. Plus tard, une grosse couche de neige la recouvrit complètement. Elle avait beau crier, personne ne pouvait plus l'entendre.

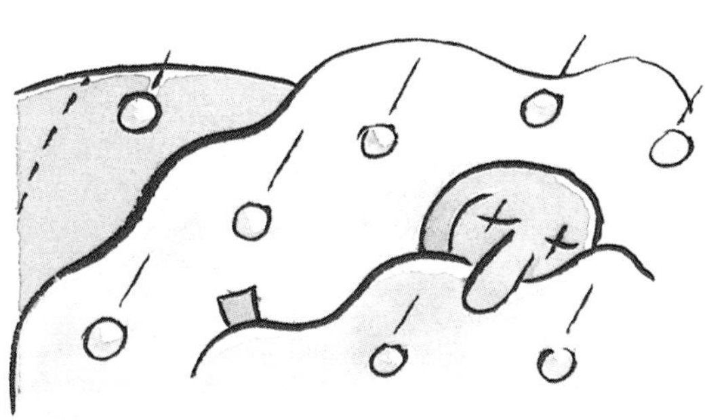

4. Un dénouement

Au printemps, un enfant aperçut en se promenant une petite étincelle. Il s'approcha, croyant qu'il avait trouvé une pièce de monnaie. L'enfant fut encore plus content de trouver la petite clé.

5. Une fin

L'enfant frotta la petite clé pour lui redonner son éclat. Il la garda avec lui toute sa vie, en rêvant à ce merveilleux coffre au trésor que la petite clé lui permettrait d'ouvrir un jour.

Lis bien ce conte. Tu auras ensuite à le raconter dans tes propres mots à une amie ou un ami de la classe. Sers-toi d'une carte de récit.

L'apprenti sorcier

Il y a très longtemps, un garçon talentueux appelé Arthur était devenu l'apprenti d'un grand sorcier. Mais, au lieu d'enseigner ses secrets à Arthur, le sorcier lui faisait nettoyer la maison et l'envoyait travailler aux champs.

Arthur se sentit vite honteux d'être si ignorant dans l'art de la sorcellerie. « Il me faudra apprendre par moi-même », se dit-il. Pendant trois longues années, le jeune apprenti se cacha pour écouter les formules magiques que le sorcier récitait.

« À présent, je suis un vrai sorcier, moi aussi », songeait Arthur. Il avait hâte de mettre en pratique tout ce qu'il avait appris. L'occasion ne se fit pas attendre, car bientôt son maître dut s'absenter. On l'avait convoqué à une importante réunion de sorciers. « À mon retour, j'aurai envie d'un bon bain chaud. Sois gentil, dit le sorcier à Arthur, prépare-le-moi. »

Le jeune Arthur était fou de joie. Il allait enfin pouvoir mettre ses talents à l'épreuve. Sans plus tarder, il prononça une formule magique et se transforma en oiseau. Une première réussite ! Arthur s'envola dans les airs. Il admira le ciel bleu magnifique et sentit la douceur du vent sur ses plumes...

« Comme c'est amusant de pouvoir se transformer selon sa fantaisie. Tout ça m'a donné une faim de loup. » Vite, une formule magique, et notre ami peut déjà se régaler. Le voilà assis devant une immense table débordant de bonbons, de gâteaux, de glaces et de fruits frais.

« J'allais oublier le retour de mon maître, pense soudain Arthur. Je vais lui préparer un bain. C'est la moindre des choses... » Après avoir mis à l'épreuve avec succès ses pouvoirs de sorcier, le jeune garçon était satisfait et sûr de lui. Transporter lui-même des seaux d'eau de la rivière jusqu'à la maison, au sommet de la montagne, lui aurait paru ridicule.

Par une formule magique, il fait monter le niveau d'eau de la rivière à quelques mètres de la maison. Il fait ensuite pousser des bras à son vieux balai et lui tend un seau. Aussitôt, le balai se rend à la rivière, emplit son seau, allume un feu, fait chauffer l'eau et la verse dans le bain. Il besogne tant et si bien que le bain est bientôt prêt pour accueillir le maître.

« Tu peux arrêter, vieux balai », déclara l'insouciant Arthur. Mais la formule magique qu'il lui fallait prononcer pour arrêter le balai, il l'avait oubliée ! Arthur essaya formule après formule, mais rien n'y faisait. Le balai continuait de transporter, de chauffer et de verser l'eau. Bientôt, le bain déborda. « Mais c'est le déluge qui menace ! » s'écria notre pauvre apprenti.

Affolé devant toute cette eau qui inonde la maison, Arthur ne voit plus qu'une solution : d'un coup de hache, il fend le balai en deux. Horreur ! Deux bras poussent aussitôt au second morceau de balai. Voilà deux balais à l'ouvrage !

Arthur est complètement désespéré. Il se met à frapper partout avec sa hache en criant : « Ça suffit ! C'est assez ! » Mais, vous l'aurez deviné, plus il frappe, plus il casse de balais. Et les balais se multiplient pour aggraver l'inondation.

Arrive enfin le maître. Presque noyé, l'apprenti n'a plus que le bout du nez hors de l'eau. Il supplie le sorcier de lui pardonner et de le sortir d'embarras. En quelques secondes, le maître remet tout en ordre.

« Tu m'as bien fait rigoler, mon bon Arthur, dit le sorcier qui pouffe encore de rire. Mais promets-moi que cette histoire t'aura servi de leçon. Tu t'es efforcé d'apprendre par toi-même, et c'est très bien. Mais tu vois qu'on ne devient pas un sorcier expérimenté en si peu de temps. Tu as encore beaucoup à apprendre ! »

« C'est vrai, répondit Arthur, piteux mais soulagé. Je promets d'être plus patient à l'avenir, mon maître. » Ce qu'il fit, jusqu'à ce qu'il devînt lui aussi un sorcier infaillible... ou presque.

- Selon toi, y a-t-il une leçon à tirer de cette histoire ?
- Si tu avais été à la place d'Arthur, aurais-tu agi de la même façon ? Sinon, qu'aurais-tu fait ?

Lire par groupes de mots

J'aime beaucoup le français, parce que je trouve que c'est une langue très musicale. Quand je lis, je m'efforce de regrouper les mots pour retrouver la musique de la phrase.

Je te propose une petite expérience. Travaille avec un ami ou une amie. À voix haute, lisez les deux phrases suivantes en suivant les coupures indiquées.

« À présent, je ❀ suis un vrai sorcier, moi ❀ aussi », songeait Arthur, qui ❀ avait bien hâte de mettre ❀ en pratique tout ce ❀ que son maître lui ❀ avait appris.

« À présent, ❀ je suis un vrai sorcier, moi aussi », ❀ songeait Arthur, ❀ qui avait bien hâte ❀ de mettre en pratique ❀ tout ce que son maître ❀ lui avait appris.

Laquelle des deux phrases est la plus musicale ? Laquelle est la plus facile à lire et à comprendre ? Sais-tu pourquoi ?

Écris une histoire à partir d'un objet de la classe.

Réfléchis à ton texte.

- Quelle sera la situation de départ ?
- Quel sera l'événement déclencheur ?
- Quelle sera la tentative de solution ?
- Quel sera le dénouement ?
- Quelle sera la fin ?

Mets tes idées en mots.

- N'oublie pas de suivre ton plan.

Relis, vérifie et corrige ton texte.

- Fais lire ton histoire à un ami ou à une amie qui t'aidera à la corriger.

Finalise ton texte.

- Recopie ton histoire et illustre-la.

En lisant ce poème, imagine-toi que tu pars de très haut dans le ciel, comme un oiseau, et que tu t'approches de...

L'école

Dans notre ville, il y a
Des tours, des maisons par milliers,
Du béton, des blocs, des quartiers,
Et puis mon cœur, mon cœur qui bat
Tout bas.

Dans mon quartier, il y a
Des boulevards, des avenues,
Des places, des ronds-points, des rues,
Et puis mon cœur, mon cœur qui bat
Tout bas.

Dans notre rue, il y a
Des autos, des gens qui s'affolent
Un grand magasin, une école,
Et puis mon cœur, mon cœur qui bat
Tout bas.

Dans cette école, il y a
Des oiseaux chantant tout le jour
Dans les marronniers de la cour.
Mon cœur, mon cœur, mon cœur qui bat
Est là.

Jacques Charpentreau

- Pourquoi ce poème donne-t-il l'impression qu'on se rapproche d'un petit cœur qui bat ?
- Aimerais-tu composer un poème en allant du grand vers le petit, de la forêt aux feuilles, des étoiles au grain de sable ?

Pas si bêtes, ces animaux ! Ces courts textes te montreront que nos amis les animaux sont capables de réaliser des choses étonnantes.

Pas si bête !

Un chien pas ordinaire !

En Australie, il y a quelques années, un chien a sauvé son maître. L'homme, devenu paralysé, ne pouvait plus bouger. Pendant huit jours, le chien alla mouiller un linge dans la cuvette des toilettes pour faire boire son maître. Celui-ci serait sûrement mort de soif sans son chien !

Les animaux peuvent-ils communiquer ?

Le vervet

La communication n'est certainement pas réservée aux humains. Les animaux aussi communiquent entre eux pour assurer leur survie. Par exemple, les vervets, une sorte de singes, poussent des cris d'alarme. Ils poussent des cris différents selon le type d'ennemis qui les menacent. Ainsi, les autres vervets savent s'ils ont affaire à un serpent ou à un léopard.

Le chimpanzé

En laboratoire, des chercheurs ont fait apprendre jusqu'à 150 mots à des chimpanzés ! Les singes s'en servent pour répondre à l'expérimentateur ou pour demander de la nourriture.

Les abeilles se transmettent des informations par des signaux complexes. L'abeille, quand elle butine, ne se déplace pas au hasard. Elle se sert de son odorat pour aller là où il y a le plus de fleurs. Quand l'abeille a trouvé une bonne source de nourriture, elle retourne à la ruche pour informer les autres abeilles. Elle fait une sorte de danse pour leur indiquer la direction à suivre.

Boîte d'outils animale

Plusieurs animaux utilisent des outils. Dans son milieu naturel, le chimpanzé se sert d'une baguette pour extraire la moelle des os. Il peut ouvrir des noix en les frappant avec deux pierres. Il se sert aussi de feuilles de palmier en guise de parapluie.

Le pic épeiche, un oiseau, creuse un trou dans le bois en donnant des coups de bec. Il utilise le trou comme un étau. Il place la graine dans le trou. La graine, bien coincée, est alors facile à ouvrir.

Comme tous les pics, le pic mineur se sert de son bec pour manger les insectes qui vivent sous l'écorce des arbres.

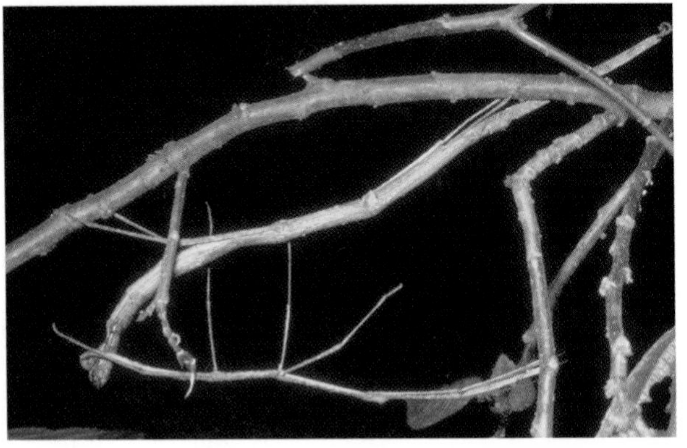

Pour se défendre

Certains insectes utilisent le mimétisme pour se protéger de leurs prédateurs, c'est-à-dire des animaux qui se nourrissent d'eux. Ils peuvent mimer un objet qui n'est pas comestible. Par exemple, certaines chenilles grises, brunes ou vertes se raidissent sur un arbre pour ressembler à une branche. On connaît aussi des papillons qui peuvent prendre l'apparence de feuilles mortes.

- Quelle information as-tu trouvée la plus extraordinaire ?
- À quoi servent les sous-titres dans ce texte ?
- D'après le contexte, peux-tu expliquer le sens du mot « prédateur » ?

Le nom

Dans les phrases, il y a presque toujours des noms.

- Les **noms communs** sont des mots qui désignent des personnes, des animaux ou des choses (concrètes ou abstraites).
- Les **noms propres** n'ont pas de signification par eux-mêmes. Ils servent seulement à donner un nom à une personne, à un animal en particulier.

Observe :

	Personnes	**Animaux**	**Choses**	
			concrètes	**abstraites**
Noms communs	une écolière les humains	un chat un singe	un arbre des livres	la vie des idées
Noms propres	Marie Luigi	Zut Fido		

Il faut toujours mettre une majuscule à un nom propre.

Le groupe du nom

Dans les phrases, le nom fait habituellement partie d'une équipe, comme nous, les Stratégos. C'est le groupe du nom.

- Un **nom** est accompagné d'un **déterminant**.
- Un **nom** est très souvent accompagné d'un **adjectif**, c'est-à-dire d'un mot qui nous dit comment est le nom.

Pour trouver le groupe du nom, repère le mot qui désigne une personne, un animal ou une chose. Ensuite, trouve s'il y a lieu le déterminant et l'adjectif qui l'accompagnent.

*Les jeunes **enfants** aiment les petits **animaux**.*

QUELQUES CONSEILS

Accorder le groupe du nom

- Les noms ont un **genre** : ils sont **féminins** ou **masculins**.

  Masculin : *Pierre, un livre.* Féminin : *Amélie, la table.*

Pour trouver si le nom est féminin ou masculin, on peut mettre, devant le nom, le déterminant **un** ou **une**. On peut aussi vérifier son genre dans le dictionnaire : *avion, omoplate, hélice...*

Observe :

l'arbre → **un** arbre
un
une
l'amie → **une** amie
un
une
J'ai trouvé : le genre est masculin.
Le genre est féminin. **Au féminin, il faut souvent ajouter un e.**

- Dans une phrase, le nom a un **nombre** : il est **singulier** ou **pluriel**.

Observe :

déterminant	nom singulier	déterminant	nom pluriel
l'	abeille	**les**	abeille**s**
un	oiseau	**des**	oiseau**x**

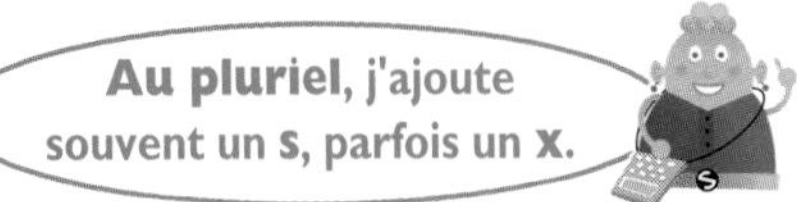

Au pluriel, j'ajoute souvent un **s**, parfois un **x**.

- Comme ils font équipe avec le nom, les **déterminants** et les **adjectifs** qui accompagnent les noms prennent le même **genre** et le même **nombre** que le nom.

Les *grand(s) singe(s) vivent dans* ***les*** *région(s) tropical(es).*

Apprends à reconnaître le groupe du nom et à faire accorder tous les amis de l'équipe !

Survole ce texte. Observe les illustrations. S'agit-il d'un texte informatif ou d'une histoire amusante ? Lis le texte pour le vérifier.

Approchez ! Approchez !

Depuis deux jours, le célèbre cirque d'animaux savants Mesmer s'est installé en ville. Les gens viennent de partout pour admirer les animaux extraordinaires enfermés dans leurs cages vitrées.

À l'entrée, on aperçoit une perruche qui fait des tours d'adresse impressionnants avec une corde à sauter. Plus loin, onze écureuils font des claquettes, pendant qu'une autruche joue de l'accordéon. En face, sur une grande scène, un éléphant marche gracieusement sur un fil. Au-dessous de lui, une tortue fait du trapèze devant une girafe acrobate.

Tous les spectateurs sont renversés par ces performances époustouflantes. Mais leurs surprises ne sont pas terminées. Voilà maintenant un concert donné par cent trente-neuf criquets accompagnés par un lézard qui siffle la cinquième symphonie de Beethoven sans une seule fausse note.

Pour les gourmands, un crapaud s'applique à cuisiner une pizza végétarienne en coassant les ingrédients tandis qu'un singe ouistiti prépare des spaghettis.

Des dizaines de journalistes voudraient interviewer le génial dresseur, mais Mesmer est un grand timide. Il se cache. Il préfère laisser la vedette à ses animaux.

Disparition

Une fois la nuit venue, monsieur Mesmer monte dans sa caravane pour profiter d'un repos bien mérité. Pendant que le dresseur dort profondément, d'étranges silhouettes commencent à s'animer. Vers minuit, une première cage s'ouvre, puis une deuxième, puis une troisième... puis toutes les cages. D'abord effrayés par cette audace, les animaux finissent par s'échapper en petits groupes dans la ville. Sous la conduite de leur chef, les bandes partent dans toutes les directions, aussi silencieusement qu'elles le peuvent.

À son réveil le lendemain, M. Mesmer tombe dans un profond découragement en apercevant les cages vides. Toutes ses magnifiques bêtes sont disparues. Il ne lui reste plus que la petite puce Cloé, qui dormait dans sa caravane.

S'il veut éviter la ruine, M. Mesmer doit préparer au plus tôt un nouveau spectacle avec la jeune puce savante.

Au travail !

Grâce à l'immense talent du dresseur, les choses avancent vite. En quelques jours seulement, la nouvelle représentation est prête. Sous un chapiteau miniature, Cloé va exécuter une dizaine de numéros d'acrobatie.

Une loupe gigantesque installée au-dessus de la scène permettra aux spectateurs d'admirer les performances de la puce. La pauvre Cloé a une lourde tâche à accomplir. Elle devra affronter les regards du public pour la première fois. Pourra-t-elle sauver le cirque de la faillite ?

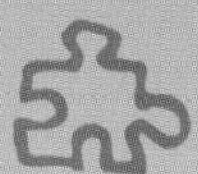

Le grand jour

La population s'est à nouveau déplacée pour l'événement. Après l'annonce habituelle, toutes les lumières s'éteignent, sauf un projecteur puissant qui pointe son rayon sur Cloé. Alors que la petite se prépare à faire sa première pirouette, la mairesse pousse un cri dans l'assistance. Bientôt, des douzaines d'autres spectateurs se lèvent à leur tour en gesticulant de façon étrange. En quelques secondes, c'est la cohue. Les gens se tapotent, se grattent, se contorsionnent. Le chef de la police lui-même est en train d'enlever son pantalon. Le dresseur regarde la salle gagnée par une folie inexplicable. Et puis, soudain, il se tourne vers Cloé et il comprend tout...

Le spectacle de Cloé a attiré des milliers de puces qui ont grimpé sur les spectateurs pour admirer leur idole.

Sous le chapiteau, Cloé regarde à travers la grosse loupe ces spectateurs gesticulants. C'est le spectacle le plus étonnant, le plus ridicule qu'elle ait jamais vu.

Les adieux

Dans sa caravane, monsieur Mesmer n'a pas fermé l'œil de la nuit. Pourtant, ce matin, il se sent plus en forme qu'il ne l'a jamais été. Il a pris une grande décision. Il a décidé de libérer la petite Cloé. Il sait qu'elle ne sera jamais heureuse dans son rôle de bête d'attraction. Mesmer ne sera plus jamais dresseur. Si mes animaux avaient été aussi heureux que je le croyais, se dit-il tristement, ils ne se seraient jamais enfuis.

Abandonnant tout sur place, Dieudonné Mesmer quitte la ville à pied en se demandant à qui ses talents pourraient bien servir...

- Que penses-tu de la conclusion de monsieur Mesmer ?
- Quelles situations du texte as-tu trouvées amusantes ?
- Relève dans le texte trois noms d'animaux, trois noms de personnes, trois noms de choses concrètes et trois noms de choses abstraites.

MARC-AURÈLE FORTIN

Marc-Aurèle Fortin a été un des plus grands peintres paysagistes du Canada. Il est né à Sainte-Rose, au nord de Montréal, en 1888. Il a créé son œuvre entre 1920 et 1955. À bicyclette, il parcourait de grandes distances pour découvrir de belles scènes à peindre.

Musée Marc-Aurèle Fortin

Ses tableaux nous communiquent son grand amour de la nature. On y voit des arbres majestueux, de jolies maisons de campagne et de magnifiques paysages de bord de l'eau. Il a aussi peint des scènes de la ville de Montréal.

Ses toiles sont lumineuses, pleines de couleurs éblouissantes. Les verts, les jaunes, les rouges et les bruns y dominent.

Marc-Aurèle Fortin, qui est décédé en 1970, nous a laissé une œuvre remarquable.

- As-tu aimé la toile de Marc-Aurèle Fortin ? Peux-tu imaginer à quoi elle ressemblerait si Fortin avait peint la même scène en été, en hiver ou au printemps ?
- Travaille en équipe avec deux amis. Répartissez-vous les trois saisons à traiter. Vous devez décrire au moins trois différences avec le paysage d'automne du peintre.
- Pour mieux préparer votre communication, allez discuter de vos idées avec un membre des autres équipes qui ont choisi la même saison que vous. Une fois que vous aurez échangé vos idées, revenez dans votre groupe de base. Discutez ensemble et mettez au point votre présentation.

QUELQUES CONSEILS

Pour mieux comprendre un texte

- Dans leurs textes, les bons auteurs évitent de répéter toujours les mêmes mots. Ils remplacent les mots qui reviennent trop souvent par des **mots de substitution** pour éviter d'ennuyer leurs lecteurs.
- Quand ils lisent, les bons lecteurs doivent pouvoir donner du sens à ces mots de substitution pour bien comprendre le sens du texte. Observe les exemples suivants :

Elle ? C'est Skripta.

Skripta *aime écrire.* ***Skripta*** *écrit tous les jours.*

Elle

Mais oui, c'est le **journal de bord**.

Skripta

Elle écrit tous les jours dans son **journal de bord**. On **y** trouve ses rêves, ses souvenirs, ses plaisirs et ses peines.

Si tu ne comprends pas une partie d'un texte que tu lis, relis-le en te demandant quels mots du texte les mots de substitution remplacent.

Quoi de mieux qu'une chanson pour célébrer la magie de l'automne ! Lis les paroles de cette vieille chanson française. Tu pourras ensuite la fredonner.

Colchiques

Colchiques dans les prés fleurissent, fleurissent,
Colchiques dans les prés : c'est la fin de l'été.

Refrain

La feuille d'automne emportée par le vent
En ronde monotone tombe en tourbillonnant.

Châtaignes dans les bois se fendent, se fendent.
Châtaignes dans les bois se fendent sous les pas.
Nuages dans le ciel s'étirent, s'étirent.
Nuages dans le ciel s'étirent comme une aile.
Et ce chant dans mon cœur murmure, murmure
Et ce chant dans mon cœur appelle le bonheur.

Francine Cockenpot

(*Automne* in *Vents du Nord*, © Éditions du Seuil, 1945.)

L'automne, quelle merveille pour l'œil ! Il y a des arbres rouges, jaunes, des arbres nus. Pour te mettre dans l'ambiance, lis ce poème. Amuse-toi à te le dire à haute voix.

L'automne

On voit tout le temps, en automne,
Quelque chose qui vous étonne,
C'est une branche tout à coup,
Qui s'effeuille dans votre cou.
C'est un petit arbre tout rouge,
Un, d'une autre couleur encor,
Et puis partout, ces feuilles d'or
Qui tombent sans que rien ne bouge.

Lucie DELARUE-MADRUS

- Aimes-tu les rimes ?
- D'après toi, que veulent dire les vers suivants ?
  C'est une branche tout à coup,
  Qui s'effeuille dans votre cou.
- Compose à ton tour un poème sur l'automne.

Aimes-tu la magie ? Connais-tu Alain Choquette ? En lisant ce texte, tu apprendras à connaître ce magicien de chez nous qui fait maintenant parler de lui dans le monde entier.

Un magicien : Alain Choquette

Alain Choquette est considéré comme le plus grand magicien québécois. Son premier spectacle, intitulé *Première apparition,* a connu un immense succès. Cette première apparition n'allait pas être la dernière !

Alain Choquette a su créer un personnage unique en son genre. Il est comique, accessible à tous, divertissant, parfois poétique et même mystérieux. Alain n'a pas cet air sérieux que prennent les magiciens traditionnels. Sur scène, il ne porte ni haut-de-forme, ni cape, ni gants.

Alain est un illusionniste qui adore communiquer avec son public et le faire participer. Ses tours de magie sont très variés. Il se sert de cartes à jouer et de mouchoirs. Il transperce des corps, il fait apparaître ou disparaître des objets ou des personnes. Il arrive même à deviner le contenu des sacs à main et à déplacer des objets sans les toucher !

Michel Pilon

La passion d'Alain Choquette pour la magie a commencé très tôt, mais il ne se doutait pas qu'il en ferait son métier ! Quand Alain était enfant, son père exécutait devant lui des tours de magie avec des cartes. Notre magicien en herbe avait vite fait d'en percer le mystère.

Ces petits tours de magie lui auront donné la piqûre. Alain Choquette a passé une bonne partie de ses loisirs à s'exercer à faire de nouveaux trucs et à les présenter à ses coéquipiers de hockey. Ensuite, il a présenté ses tours de magie dans des écoles, des hôpitaux et des centres pour personnes âgées.

À quatorze ans, Alain rencontre un professeur qui l'encourage à devenir membre d'un club de magiciens. Il entre alors en contact avec d'autres illusionnistes qui l'aident à perfectionner son art. Le jeune prestidigitateur est un passionné. Avant d'aller au lit, presque tous les soirs, il apprend de nouveaux tours. Un peu plus tard, il fait des apparitions régulières à la télévision. Il devient le magicien le plus connu de la province.

Michel Tremblay

Dans son appartement, tout est en relation avec la magie. Alain lit des revues spécialisées sur la magie. Il écoute de la musique de spectacles de magie. Chaque jour, sur son écran géant, il regarde des dizaines de films de magiciens du monde entier. Dans son placard, il a soigneusement classé plus de mille vidéocassettes de numéros de magie.

Alain Choquette a vraiment le feu sacré. Il sait étonner les petits et les grands et leur faire ressentir une gamme d'émotions impressionnante. Il fait rire, il étonne, il inquiète, il fait peur, il rassure. On n'a pas fini d'entendre parler de lui.

HOUDINI

Harry Houdini a fait parler de lui dans le monde entier. Il est né à Budapest, en Hongrie, le 24 mars 1874 et il est mort accidentellement en 1926. On surnommait ce grand magicien le roi de l'évasion. Il lançait des défis dans les journaux et absolument rien ne lui résistait. On pouvait lui mettre une camisole de force. On pouvait l'enchaîner et l'enfermer avec de gros cadenas dans des caisses. Il arrivait toujours à s'échapper !

La Presse

Un jour, on l'a jeté à l'eau, enchaîné des pieds à la tête, dans une caisse verrouillée. En moins de deux, il en est sorti.

Un de ses secrets était la très grande maîtrise qu'il avait de ses muscles. Pendant qu'on le ligotait, il gonflait ses muscles. Pour se dégager, il lui suffisait de relâcher ses muscles pour les laisser reprendre leur volume normal.

Il faut dire aussi qu'Houdini avait déjà été serrurier. Il avait donc plus d'un tour dans son sac ! Il traînait toujours avec lui un petit fil de fer, qu'il collait parfois sous la plante de son pied. Il s'en servait pour déverrouiller les serrures.

Aujourd'hui, il existe un musée consacré à cet étonnant magicien, à Niagara Falls, en Ontario.

- Que signifient les expressions « magicien en herbe » et « avoir le feu sacré » ?
- Selon toi, pourquoi Alain Choquette regarde-t-il tant de films sur les magiciens ?
- Peux-tu maintenant présenter le magicien Alain Choquette ?

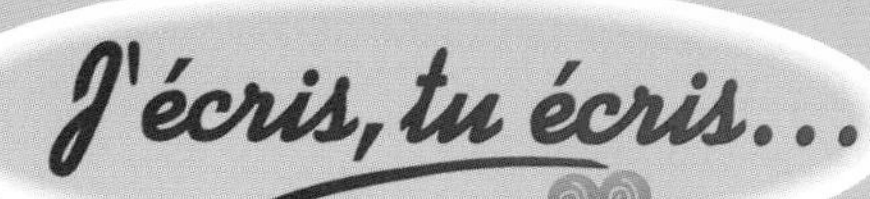
J'écris, tu écris...

Plus tard, je serai...

As-tu une passion comme Alain Choquette ? Imagine-toi que, par magie, tu puisses te voir dans vingt ans d'ici.

- Décris ton métier ou ta profession.
- Donne deux ou trois actions que ce métier ou cette profession t'amène à faire chaque jour.
- Dis pourquoi tu aimes tant ce que tu fais.

1. **Réfléchis à ton texte.**
   Choisis un métier ou une profession que tu aimerais exercer.
2. **Mets tes idées en mots.**
   Mets tes idées en ordre.
3. **Relis, vérifie et corrige ton texte.**
   Lis ton texte à un ami ou une amie qui pourra t'aider à l'améliorer. Élimine les répétitions inutiles.
4. **Finalise ton texte.**
   Mets ton texte au propre.

QUELQUES
CONSEILS

Pour lire une consigne

Il est très important que tu apprennes à lire et à bien comprendre des consignes. Pendant toute ta vie, tu auras à lire des textes pratiques qui contiennent des consignes : pour faire une recette, réaliser un bricolage, réparer une bicyclette, etc.

Pour bien comprendre ces types de textes, il faut une lecture spéciale.

- Il faut lire les consignes du texte dans l'ordre où elles sont présentées.
- Il faut lire les phrases par groupes de mots pour bien comprendre.
- Il faut repérer tous les mots importants des consignes. Ces mots te disent l'action à accomplir, le matériel à utiliser, le lieu et le moment où tu dois passer à l'action, etc. Observe l'exemple suivant.

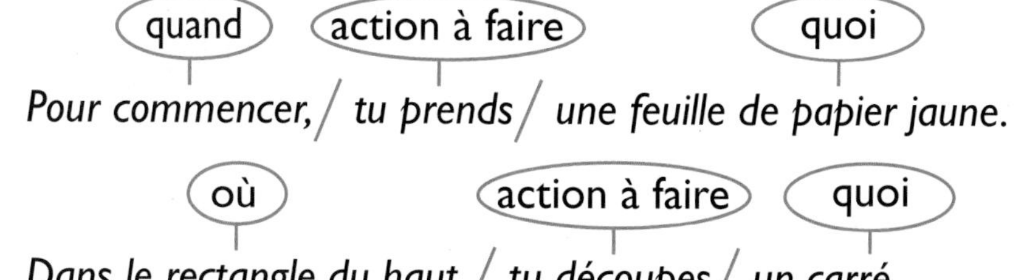
quand
action à faire
quoi
Pour commencer, / tu prends / une feuille de papier jaune.
où
action à faire
quoi
Dans le rectangle du haut, / tu découpes / un carré.

Voici deux tours de magie que tu pourras exécuter pour impressionner tes parents et tes amis. Pour réussir ces tours, prends note du matériel dont tu auras besoin et assure-toi de bien comprendre toutes les consignes.

Tours de magie

Calendrier magique

Voici un tour de magie qui fera croire à ton public que tu possèdes de grands pouvoirs.

1. Tu commences par préparer une page de calendrier comme sur l'illustration.
2. Tu la montres à ton public en lui annonçant que tu vas faire un tour de magie.
3. Tu tournes le dos aux gens et tu demandes à une personne dans l'assistance de choisir un carré de neuf nombres sur le calendrier.
4. Tu lui dis d'additionner tous les nombres du carré sans te dire le résultat.
5. Toujours en gardant le dos tourné, tu lui demandes de te nommer le plus petit nombre du carré.
6. À l'aide d'une calculette cachée dans ta main, tu calcules le résultat de son addition. Utilise la formule mathématique suivante : plus petit nombre du carré + 8 × 9.

Si tu as bien calculé, ton public sera fort étonné.

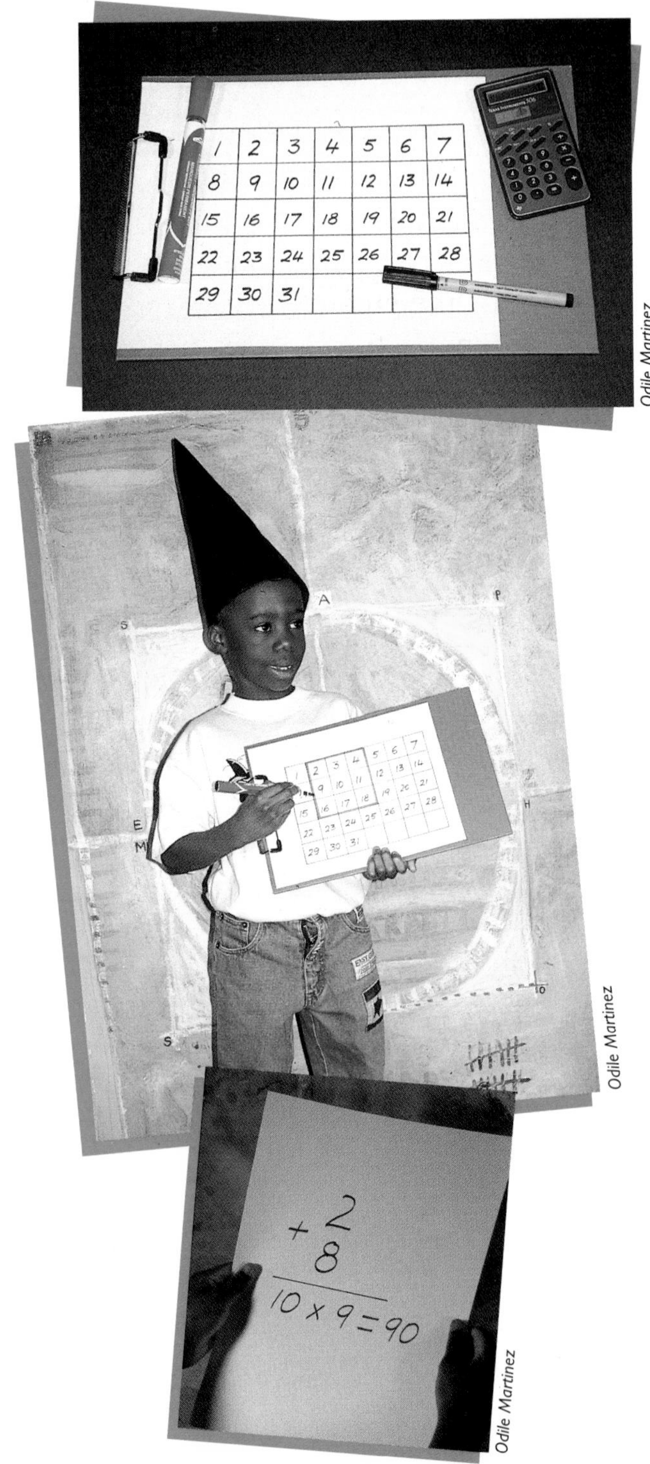

Odile Martinez

Odile Martinez

Odile Martinez

Lunettes magiques

Fais croire à ton public que tu possèdes des lunettes magiques qui te permettent de voir à travers des objets. En guise de lunettes magiques, tu pourras prendre une paire de ciseaux à bouts ronds.

1. Pour préparer ton tour, tu colles un bout de cheveu d'environ 4 mm au bord d'une pièce de monnaie.
2. Sur une table, tu alignes trois bouchons de même couleur et de même grosseur (des bouchons de bouteilles d'eau gazeuse de 2 litres feront l'affaire).
3. Tu y déposes également ta pièce de monnaie. Tu dois faire en sorte que le cheveu soit en dessous de la pièce.
4. Le dos tourné, tu demandes à une personne parmi ton public de glisser la pièce de monnaie sous l'un des trois bouchons.
5. Enfin, tu te retournes et tu regardes les bouchons à travers tes lunettes magiques.

Grâce au petit bout de cheveu, tu trouveras tout de suite le bouchon qui cache la pièce de monnaie.

Odile Martinez

Odile Martinez

Odile Martinez

- As-tu assez bien compris les textes pour pouvoir exécuter les tours de magie ?
- Explique comment tu as réussi à comprendre les passages les plus difficiles.

Les pronoms

- Quand j'écris mon journal, je m'efforce de ne pas toujours répéter les mêmes mots. J'emploie des mots de substitution. Observe de quelle façon j'emploie les pronoms **il**, **elle** et **ils** pour éviter les répétitions ennuyeuses.

Sofia et Pascal vont au centre commercial. Sofia achète un livre.
Elle Il
Sofia est contente. Pascal achète un disque. Pascal est content lui aussi.
Ils
Sofia et Pascal reviennent à la maison. Sofia et Pascal aiment aller au centre commercial.

QUELQUES
CONSEILS

G dur et G doux

Au début, j'ai eu toutes sortes de difficultés avec les **j** et les **g**. Maintenant, ça va, car j'ai compris la règle.

Observe bien ceci.

vague	*glace*	*magasin*	*bague*	*orangeade*	*guide*
pigeon	*nuage*	*figure*	*gorge*	*rougeole*	*magicien*

- Que remarques-tu ? Devant quelles voyelles le **g** se prononce-t-il comme **j** ?
- Le **g** se prononce comme **j** seulement devant quelques voyelles, et jamais devant une consonne. Mets-toi ce tableau dans la tête.

G = dur : devant **a**, **o** et **u**			**G = doux :** devant **e** et **i**		
g	**a**	mag**a**sin	**g**	**e**	nuag**e**
	o	g**o**rge		**i**	mag**i**cien
	u	fig**u**re			
gu	**e**	vag**ue**			
	i	g**ui**de			

Pour faire un **g** dur devant le **e** et le **i**, ajoute un **u**.

Voici un conte très connu qui a été écrit par les frères Grimm il y a plus de 150 ans.
C'est l'histoire de deux enfants pauvres qui connaissent de grandes difficultés.
Lis le conte pour voir comment ils arrivent à s'en sortir.

Hänsel et Gretel

Il était une fois un pauvre bûcheron qui avait deux enfants : un garçon appelé Hänsel et une fille nommée Gretel. Sa femme étant morte, le pauvre homme s'était remarié. Hélas ! sa nouvelle épouse était une femme méchante qui détestait les enfants.

Un jour qu'ils n'avaient plus rien à se mettre sous la dent, elle en profita pour dire à son mari :

— Nous n'avons pas le choix. Demain matin, nous amènerons les enfants au creux de la forêt, puis nous leur fausserons compagnie. Ils y trouveront peut-être à manger. De toute façon, ici, ils mourront de faim.

Le cœur rempli de chagrin, le pauvre homme finit par céder au désespoir.

Cependant, les enfants avaient tout entendu. Le petit Hänsel dit à sa sœur :

— Ne crains rien, Gretel, j'ai une idée.

Il se glissa hors de la maison et y revint les poches remplies de cailloux blancs.

Le lendemain matin, pendant qu'ils faisaient route vers le fond des bois, Hänsel parsema le chemin avec les cailloux blancs. Laissés seuls, les deux enfants purent ainsi revenir à la maison le soir même, au grand bonheur de leur père.

À quelque temps de là, la famine sévit encore. De nouveau, la marâtre réussit à imposer son projet à son faible mari. Mais, cette fois, Hänsel ne put sortir de la maison pour ramasser des cailloux, car la vilaine femme avait verrouillé la porte. Il dit à sa petite sœur :

— Ne crains rien, Gretel, nous trouverons bien une solution.

Le lendemain, le bûcheron donna aux enfants les deux morceaux de pain qui restaient dans la huche. Mais Hänsel ne mangea pas le sien et le cacha dans sa poche.

Le long de sa route, il laissa tomber, de temps à autre, une petite boule de pain. Hélas ! les oiseaux mangèrent le pain à mesure et, la nuit tombée, les enfants s'égarèrent.

Au petit matin, un oiseau blanc se posa près d'eux. Il leur dit :

— Par ici, par ici !

L'oiseau les conduisit jusqu'à une clairière où s'élevait une maisonnette extraordinaire. Les murs étaient en pain d'épice, les fenêtres en sucre candi et le toit en biscuits. Affamés, les enfants y mordirent à belles dents. Pendant qu'ils se délectaient, une affreuse vieille apparut.

— Bonjour, mes chers petits, leur dit-elle. J'ai beaucoup de bonnes choses pour vous. Entrez, vous verrez.

Elle leur servit toutes sortes de délices dont ils se régalèrent. Puis, épuisés par leur nuit en forêt, les deux enfants s'endormirent profondément.

La vieille, qui était une méchante sorcière, en profita pour enfermer Hänsel dans une cage. Elle entreprit de l'engraisser pour le manger.

Comme sa vue était mauvaise, elle demandait chaque jour à Hänsel :

— Passe ton doigt à travers les barreaux pour que je voie si tu as grossi.

Mais Hänsel lui montrait chaque fois un petit os de poulet qu'il faisait passer pour son doigt.

Entre-temps, la sorcière faisait travailler Gretel et la maltraitait. Un jour, elle en eut assez de nourrir la petite et décida de la manger. Ayant allumé le four à pain, elle dit à Gretel :

— Entre dans le four, vérifie s'il est assez chaud pour cuire le pain.

Mais Gretel, devinant que la vieille voulait l'enfermer dans le four, lui dit :

— Je ne sais pas comment faire.

— Petite sotte, s'écria la sorcière, voici comment on s'y prend.

Elle s'enfonça alors la tête dans le four. Vive comme l'éclair, Gretel poussa la porte sur la méchante sorcière et tira le verrou.

Elle délivra aussitôt son frère et quitta rapidement ce lieu de malheur. Les deux enfants retrouvèrent leur maison avec l'aide du bel oiseau blanc.

Pleurant de bonheur, leur père les serra fortement contre lui. La marâtre étant morte pendant leur absence, il jura qu'il ne les abandonnerait plus jamais.

(Adaptation d'un conte de Grimm)

- Quels problèmes Hänsel et Gretel ont-ils eus dans ce conte ? Quelles solutions ont-ils trouvées ?
- Nomme les éléments magiques de ce conte.
- D'après le contexte, quel est le sens du mot « marâtre » ?

Alerte aux pronoms

il, **elle** et **on**

Qui décide de l'accord du verbe dans la phrase ? Le verbe tout seul ?
Non ! La plupart du temps, ce sont les pronoms. Certains ne sont pas très exigeants. Une seule finale, et le tour est joué. Mais d'autres pronoms obligent plusieurs choix de finales.

- Observe les commandes que les pronoms **il**, **elle** et **on** font aux verbes suivants.

elle dit	*il est*	*elle voit*	*il donnera*
elle étonne	*il finit*	*on prend*	*on cherche*
il va	*il aime*	*on rit*	*elle apprend*

- Qu'observes-tu ?
  Ces verbes se terminent par **d**, **a**, **t** ou **e**.

- Regarde bien ce tableau.

d	**a**	**t**	**e**
Pour les verbes en **dre** : pren**dre** = on pren**d**	La plupart du temps, quand j'entends « **a** » : il v**a**	Pour les verbes en **ir**, **oir**, **re** : fin**ir** = elle fini**t** **voir** = on voi**t** r**ire** = il ri**t**	Pour les verbes en **er** : aim**er** = elle aim**e**

Les contes regorgent de personnages magiques.
Lis ces textes pour en connaître quelques-uns.

Personnages magiques

Gargamel, le sorcier

Pour les petits Schtroumpfs qu'il veut attraper, Gargamel est un géant. Tout ce qu'il désire, c'est devenir riche et posséder de l'or. Comme presque tous les sorciers et sorcières, il possède un animal, un chat nommé Azraël, qui est aussi méchant que lui.

Gargamel a le dos voûté et des yeux noirs qui lui donnent un air cruel. Son sourire ne montre qu'une seule dent. Ses cheveux noirs sont ébouriffés, tout comme ses épais sourcils.

Pour trouver ses éternels ennemis, les gentils petits Schtroumpfs, il va employer toutes les ruses. Te souviens-tu de l'album où il envoie une affreuse Schtroumpfette pour séduire les Schtroumpfs ?
Il fabrique aussi des mixtures magiques faites de drôles de substances : des grains d'ellébore, de la bave de crapauds, de la mine de rien, etc. Grâce à ces mixtures, il peut se transformer de diverses manières. Tantôt, il devient invisible, tantôt il se transforme en fée, tantôt il devient un Schtroumpf.
Il peut jeter des sorts en prononçant des incantations qu'il lit dans ses grands livres de magie noire. Heureusement, ses mauvais tours ne réussissent jamais, car la magie du Grand Schtroumpf est bien plus puissante que la sienne !

La fée Clochette

Elle est minuscule, élégante et charmeuse, la petite fée Clochette. Pas plus grande qu'une main, elle habite dans le Pays de Nulle Part. Comme tu le sais, Clochette y vit toutes sortes d'aventures extraordinaires avec Peter Pan et les Garçons Perdus. Clochette est légère comme une plume et vole comme une libellule grâce à ses ailes transparentes. Elle brille de mille feux qui ne s'éteignent que lorsqu'elle dort. Clochette vit au milieu des fleurs et sa robe est faite de feuilles.

Clochette est jalouse de Wendy, la petite amie de Peter Pan. Cela lui fait parfois commettre de petites erreurs qu'elle regrette vite. Le principal pouvoir de Clochette est de faire voler les choses ou les êtres. En utilisant sa poudre spéciale, elle peut mettre en mouvement tout ce qu'elle désire.

Selon Peter Pan, Clochette est née, comme les autres fées, des éclats de rire du premier bébé humain.

La fée Marraine

Comme toutes les fées, Marraine a de grands pouvoirs. Elle peut facilement réaliser le souhait de ses protégés. Mais le plus souvent, elle se charge de donner des qualités ou talents particuliers aux enfants qui naissent. Ce peut être le don de la beauté, de l'intelligence, du génie musical, etc. C'est d'ailleurs pourquoi on l'appelle Marraine, car elle est une sorte d'ange gardien qui veille sur les enfants.

Marraine porte souvent un chapeau couvert d'un voile. Elle sourit toujours et, pour elle, rien n'est impossible. Rien, sauf défaire un mauvais sort prononcé par une fée plus ancienne et plus puissante qu'elle. Sa baguette magique, qui lui sert à tout, porte souvent des anneaux. Marraine prononce des formules magiques, prépare des potions et jette des sorts.

Dans le conte *La Belle au bois dormant*, il y a plusieurs bonnes fées Marraine et une méchante qui donne la mort pour se venger. Dans *Cendrillon*, une seule fée Marraine aide la jeune fille sage à réaliser son rêve d'aller au bal. Souvent, les sorts jetés par ce genre de fées ont une durée bien précise.

L'ogre

L'ogre est une créature énorme, un géant ! C'est un être au visage rond et bouffi, doué d'une force extraordinaire et toujours affamé. L'ogre habite soit une énorme maison dans la forêt, soit un château, soit une caverne profonde. Quand il est marié, sa femme a pour principale tâche de lui faire la cuisine toute la journée. Son appétit est insatiable.

Comme il a le nez fin, l'ogre peut sentir de très loin l'odeur de chair fraîche des petits enfants. Il a des pouvoirs magiques, mais assez limités. Dans le conte du *Chat botté*, il peut se transformer en n'importe quel animal, grand ou petit. Il est aussi très vaniteux, et c'est d'ailleurs ce défaut qui le perd. Le chat botté fait semblant de ne pas croire au pouvoir de l'ogre. Alors l'ogre se change en petite souris que le chat s'empresse d'avaler. Dans *Le Petit Poucet*, l'ogre possède des bottes de sept lieues qui lui permettent de parcourir des distances énormes.

- Es-tu maintenant en mesure de distinguer les bons personnages des mauvais personnages ?
- Peux-tu nommer d'autres personnages magiques ?
- Trouve dix verbes conjugués avec **il**, **elle** ou **on** et observe leurs finales.

Nous te proposons ici de te fabriquer un costume amusant pour l'Halloween.
N'oublie pas de lire attentivement toutes les consignes.

Un costume amusant

Voici une façon simple de te confectionner un joli costume en carton pour l'Halloween.

Matériel

- une bande de carton de 8 cm sur environ 60 cm
- de 12 à 15 petites bandes de carton de 5 cm sur 30 cm
- de la corde
- des ciseaux et de la colle

Réalisation

1. Pour faire la ceinture de la jupe, coupe la grande bande de carton à la longueur qu'il faut pour faire le tour de ta taille.
2. Plie la bande en deux dans le sens de la longueur.
3. À partir du pli, colle verticalement les petites bandes sur la grande bande.
4. Dépose une longueur de corde sur le pli. Assure-toi que les bouts de corde qui dépassent de chaque côté seront assez longs pour te permettre de faire un nœud.
5. Applique de la colle sur le haut de la ceinture et replie le tout.

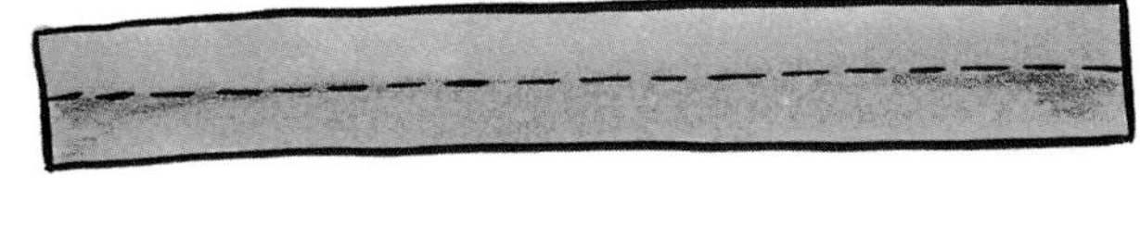

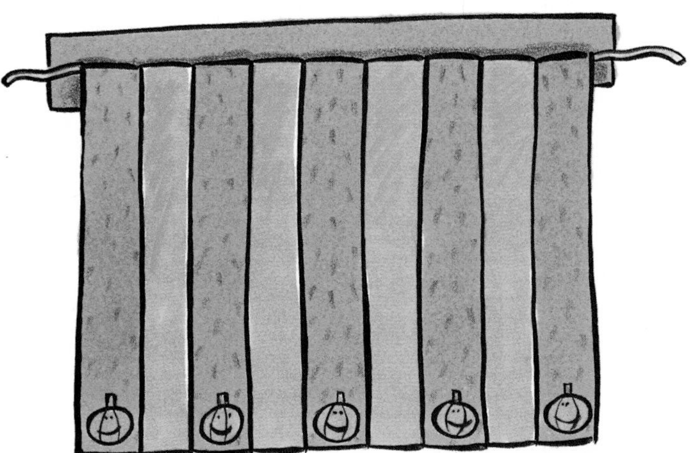

Tu peux suivre les mêmes consignes pour te confectionner un chapeau, des bracelets, une étole, etc.

Voici une autre idée de bricolage. On te propose de faire un joli chapeau. Si tu réussis à le confectionner, tu verras qu'on te remarquera !

Un chapeau fantaisiste

Voici un autre bricolage simple qui te permettra de réaliser un chapeau plein de couleurs.

Matériel

- un carton rigide de couleur d'environ 35 cm sur 35 cm
- des retailles de carton
- une bande de carton de 3 cm sur 55 cm
- des ciseaux et de la colle

Réalisation

1. Trace un grand cercle sur le carton rigide, à l'aide d'une corbeille à papier par exemple. Découpe le cercle.

2. Au centre du cercle, trace un cercle beaucoup plus petit. Pour le tracer, tu pourrais te servir d'une assiette à dessert.
3. Avec une règle, trace quatre lignes dans le petit cercle pour former huit pointes bien égales.
4. Avec la pointe des ciseaux, fais un trou au centre du cercle. Découpe ensuite chaque pointe à partir du centre jusqu'au contour du petit cercle.

5. Relève les pointes. Découpe ensuite des dessins d'Halloween dans les retailles de carton. Colle-les sur la face extérieure des pointes.
6. Colle la bande de carton à la base des pointes. Pour la bande, choisis une couleur qui contraste avec celle des pointes.

Tu peux maintenant décorer la bande en collant des formes géométriques de différentes couleurs.

- As-tu réussi à confectionner ton chapeau ?
- Si tu devais refaire ton chapeau, comment t'y prendrais-tu ?

Depuis longtemps, les habitants du village de Grande-Citrouille ont perdu toute joie de vivre. La jeune Jeanne-sans-peur réussira-t-elle à leur faire retrouver la joie ?

Le chat de Grande-Citrouille

Il y a bien longtemps, un événement extraordinaire se produisit dans le petit village tranquille de Grande-Citrouille.

Dans ce village pauvre, réputé pour ses grands champs de citrouilles, se trouvait une vraie maison hantée. En effet, chaque année, dans la nuit du 31 octobre, la sinistre maison abandonnée s'illuminait comme par enchantement. On voyait alors apparaître un chat noir derrière une fenêtre éclairée de mille bougies. Pendant toute la nuit, le chat miaulait désespérément, puis il disparaissait à la première lueur du jour.

Les villageois étaient terrifiés par cet étrange spectacle. C'est pourquoi les parents interdisaient à leurs enfants de sortir la nuit du 31 octobre.

Dans le village, on racontait qu'autrefois une affreuse et méchante sorcière habitait cette maison avec son chat. Un jour, pour se moquer de la sorcière, des enfants lui avaient lancé des cailloux. La sorcière en fut tellement choquée qu'elle quitta le village, sans même prendre la peine d'emmener son chat. On racontait aussi que, avant de partir, elle avait jeté un mauvais sort sur toute la région, qui devint triste et pauvre.

— Cette horrible fée n'a pas emmené son chat, mais elle a emporté avec elle tous les plaisirs de la vie, disait le père Pignant qui aimait bien raconter cette triste histoire.

Les enfants malheureux, qui s'étaient rassemblés autour d'un pauvre feu pour écouter les histoires du père Pignant, soupiraient tristement. Ils auraient bien aimé trouver le moyen de se débarrasser du mauvais sort, mais ils avaient trop peur de la maison hantée !

Or, un soir d'automne monotone, cette légende arriva jusqu'aux oreilles de Jeanne-sans-peur. C'était la plus petite, mais aussi la plus débrouillarde des enfants de Grande-Citrouille.

— Je sais ce qu'il faut faire pour éloigner le sort ! Il faut libérer le chat de la sorcière !

— Facile à dire ! répondit le grand Manuel. Mais on voit bien que tu ne t'es jamais approchée de la maison hantée ! Moi, j'ai des frissons juste à y penser !

— Mais il doit bien exister une solution ! répliqua Jeanne-sans-peur.

Le lendemain, Jeanne-sans-peur demanda au maître d'école la permission de fouiner dans la bibliothèque du vieux collège. Après des heures de recherche, elle trouva enfin ce qu'elle cherchait : un manuel de sorcellerie tout poussiéreux.

Le soir venu, Jeanne partit retrouver ses amis avec le précieux livre.

— Écoutez bien ce qui est écrit dans ce vieux grimoire :

Pour te libérer du mauvais sort,
place sur mauvais chemin les
plus beaux trésors
de ton jardin.

— Qu'est-ce que ça signifie ? demandèrent ses amis.

— Réfléchissez un peu, dit Jeanne. Le mauvais sort, c'est celui que nous a jeté la sorcière. Le mauvais chemin, c'est celui qui mène à la maison de la sorcière. Et les beaux trésors, ce sont les citrouilles de Grande-Citrouille !

— Ce n'est pas bête du tout ! s'écria le père Pignant.

Le jour suivant, Jeanne et ses amis allèrent dans les champs pour ramasser les citrouilles les plus grosses. Ils transportèrent leurs trésors jusqu'à la maison hantée et tracèrent un chemin de citrouilles du bord de la route jusqu'à la porte de la maison hantée. Il ne leur restait plus qu'à attendre la nuit du 31 octobre pour voir ce qui allait se passer.

À la date prévue, à la tombée de la nuit, Jeanne et ses amis sortirent en cachette de leurs maisons. Ils se rassemblèrent près de la maison hantée et attendirent prudemment derrière les buissons.

Au début, il ne se passa rien du tout. Mais, tout à coup, au moment même où la pleine lune apparut derrière les nuages, l'inquiétante maison sembla prendre vie. On entendit le toit gémir et les murs frissonner. Puis, une lumière éclatante remplit la maison et le chat noir apparut derrière la fenêtre. Devant ce spectacle insolite, les enfants poussèrent des cris d'effroi.

Enfin, la maison cessa de trembler et la porte s'ouvrit avec un grincement sinistre. Les enfants virent alors le chat noir s'avancer lentement dans l'ouverture. Le chat posa une patte sur la première citrouille, qui se mit aussitôt à scintiller. Il sauta sur la deuxième citrouille, puis sur la troisième. Chaque fois qu'il posait ses pattes délicates sur une nouvelle citrouille, celle-ci se mettait à scintiller de mille éclats dorés.

Quand il arriva à la dernière citrouille, le chat noir se tourna vers les enfants, qui l'observaient de derrière les buissons. Il cligna des yeux, en signe d'adieu peut-être, puis disparut aussitôt dans la nuit.

S'approchant des citrouilles scintillantes, Jeanne et ses amis découvrirent avec émerveillement qu'elles étaient remplies de friandises !

— On dirait que la sorcière a décidé de nous rendre les petits plaisirs de la vie, dit Jeanne en riant.

C'est ainsi que, grâce à Jeanne-sans-peur, le village retrouva la joie de vivre qu'il avait perdue pendant si longtemps. Depuis ce jour, le 31 octobre, tous les enfants de Grande-Citrouille se rendent à la maison hantée pour célébrer cet événement extraordinaire.

- Es-tu capable de faire le plan de cette histoire ?
- Un bon jour, la sorcière décide de revenir au village. Les habitants de Grande-Citrouille te demandent d'écrire une formule magique qui transformera la méchante sorcière en fée Marraine. Peux-tu les aider ?
- Ressembles-tu à Jeanne-sans-peur ?
- Quel personnage t'impressionne le plus ?

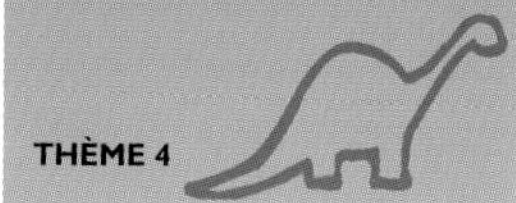

Depuis des milliers d'années, les humains créent des légendes. Je t'invite à t'amuser en lisant une merveilleuse légende africaine sur la création du monde.

La création du monde

Il y a très longtemps, le monde était jeune et très différent de ce qu'il est aujourd'hui. Le jour, le Soleil régnait sur le monde. La nuit, il laissait son second, le puissant Napi, veiller sur la Terre.

Une nuit, Napi s'amusa avec une motte d'argile qui prit entre ses doigts la forme d'un animal. Trouvant cela amusant, Napi façonna un deuxième animal, puis un troisième, puis tous les animaux que nous connaissons aujourd'hui. Il laissa sécher les figurines d'argile pendant quelques jours, puis souffla dessus pour leur donner vie. Il attribua ensuite un territoire à chaque animal.

Comme il lui restait encore un peu d'argile, Napi façonna une autre créature. L'argile prit la forme d'un homme. Napi était un peu embêté. Il trouvait cette créature un peu étrange et il ne lui restait plus aucun territoire à donner.

— Toi, dit-il après réflexion, tu vivras dans les arbres avec les singes, parce que tu leur ressembles.

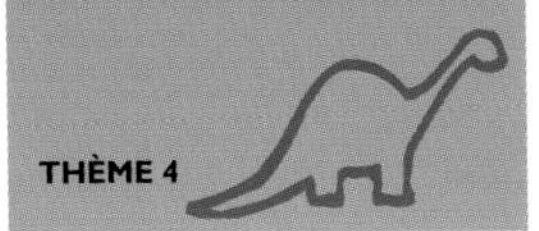

Après quelques semaines, Napi s'aperçut que les animaux qu'il avait créés étaient très mécontents.

— De quoi vous plaignez-vous, ingrates créatures ? dit-il aux animaux qu'il avait rassemblés.

Tour à tour, les animaux prirent la parole.

— Pourquoi m'avoir mis au bord du fleuve, dit la girafe ? Mes longues pattes fines s'enfoncent dans la boue. Je ne peux pas faire un pas !

— Pourquoi m'as-tu envoyé dans les montagnes ? dit l'hippopotame. Hors de l'eau, je suis lourdaud et malhabile. Je ne peux pas me déplacer sur des rochers pointus et des pentes escarpées !

— Moi, tu m'as mis dans la savane, dit la chèvre. Ne vois-tu pas que mes sabots sont faits pour grimper dans les montagnes ?

— Je n'ai rien à manger dans la prairie, se plaignit à son tour le crocodile. Regarde mes puissantes mâchoires et mes dents aiguisées. Je ne suis pas un mangeur d'herbe. Tu aurais dû le savoir !

Voyant les erreurs qu'il avait faites, Napi attribua aussitôt de nouveaux territoires. Le crocodile et l'hippopotame allèrent au fleuve. La chèvre gagna les montagnes où elle put grimper à son aise. La girafe alla dans la savane et se délecta des feuilles des arbres les plus hauts. Et tous les autres animaux trouvèrent de la même façon un territoire où ils purent vivre heureux.

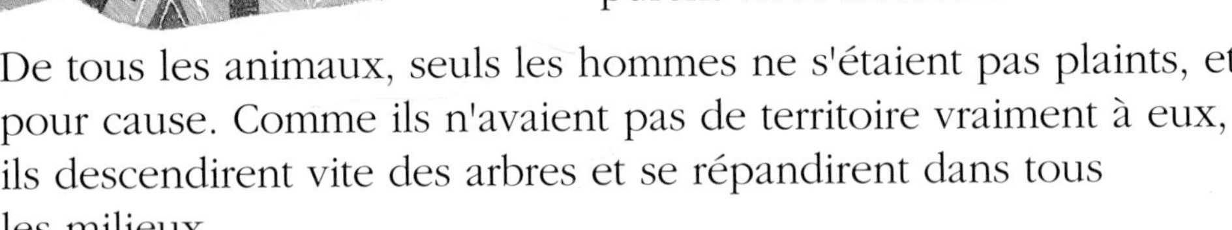

De tous les animaux, seuls les hommes ne s'étaient pas plaints, et pour cause. Comme ils n'avaient pas de territoire vraiment à eux, ils descendirent vite des arbres et se répandirent dans tous les milieux.

Depuis ce temps-là, partout sur la terre, des hommes racontent des histoires sur les hommes et sur les animaux.

(Adaptation d'une légende africaine)

- Quelles sont tes impressions sur cette légende ?
- Raconte ce qui serait arrivé aux animaux si Napi avait refusé de leur attribuer d'autres territoires.
- Trouve un synonyme du mot « lourdaud ».

Une scientifique m'a appris que la vie sur terre a commencé dans l'eau.
C'est curieux, tu ne trouves pas ? Lis ce texte avec moi pour voir ce qu'elle entend par là.

DES PREMIERS ÊTRES VIVANTS AUX HUMAINS

Ça commence dans l'eau

Les premiers êtres vivants

La terre actuelle est peuplée d'animaux et de végétaux, mais il n'en a pas toujours été ainsi. À une époque très éloignée, il n'y avait rien de vivant sur terre.

La planète Terre avant l'apparition de la vie

Les savants estiment que la naissance de la Terre remonte à près de cinq milliards d'années. C'est une époque tellement lointaine qu'il est presque impossible de se l'imaginer. Au début, la Terre n'était qu'une sphère brûlante et très agitée. Au cours de dizaines de millions d'années, elle s'est refroidie. La vapeur d'eau de l'atmosphère s'est condensée. De vastes océans tièdes et brunâtres se sont alors formés.

Les continents n'existaient pas encore, mais on trouvait de nombreux volcans. L'atmosphère qui entourait la Terre était constituée de gaz irrespirables. L'oxygène que nous respirons aujourd'hui n'existait pas encore dans l'air. C'est pourquoi la vie est d'abord apparue dans l'eau.

Formation des planètes autour du Soleil. On aperçoit, à droite, la Terre et la Lune.

Intime explosion

Intime explosion dans la terre.
Soupirs du crocus qui s'interroge
coquettement : jaune ou blanc ?

Gisèle Prassinos

L'apparition des premiers êtres vivants

Les bactéries

Des savants ont qualifié les premiers océans de « soupe primitive ». C'est parce que tout ce qui existait y était mélangé. C'est dans cette soupe que les premiers êtres vivants sont apparus, plus d'un milliard d'années après la naissance de la Terre.

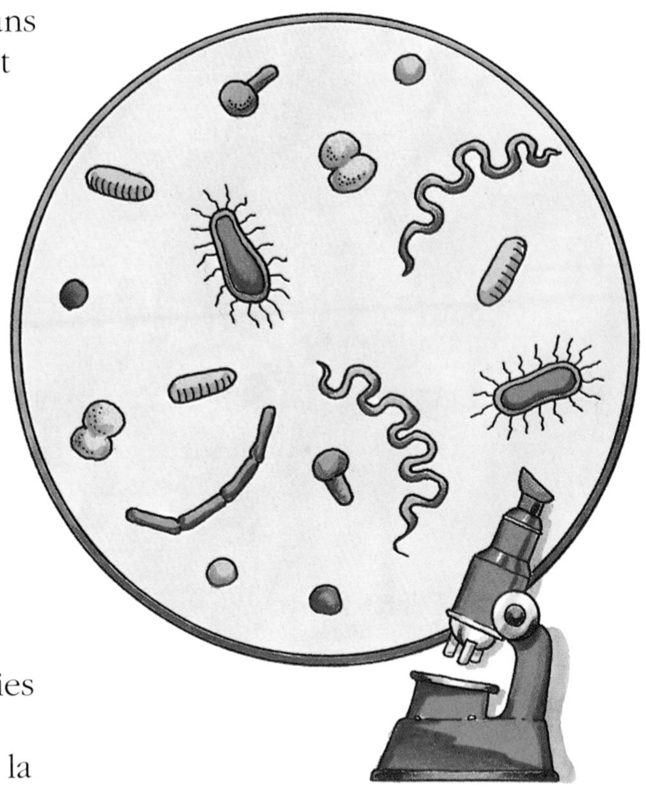

Les premiers êtres vivants furent surtout de minuscules bactéries. Pour respirer, les bactéries retiraient l'oxygène contenu dans certains minéraux. Ces êtres vivants, qui ne sont ni des végétaux ni des animaux, existent encore aujourd'hui.

La cellule

Pendant des millions d'années, les bactéries sont restées les seuls êtres vivants sur la planète. Puis elles ont donné naissance à la cellule. Cette étape de l'évolution est très importante, car la cellule contient beaucoup plus d'éléments qu'une bactérie.

Organismes unicellulaires beaucoup plus complexes que les bactéries.

amibe

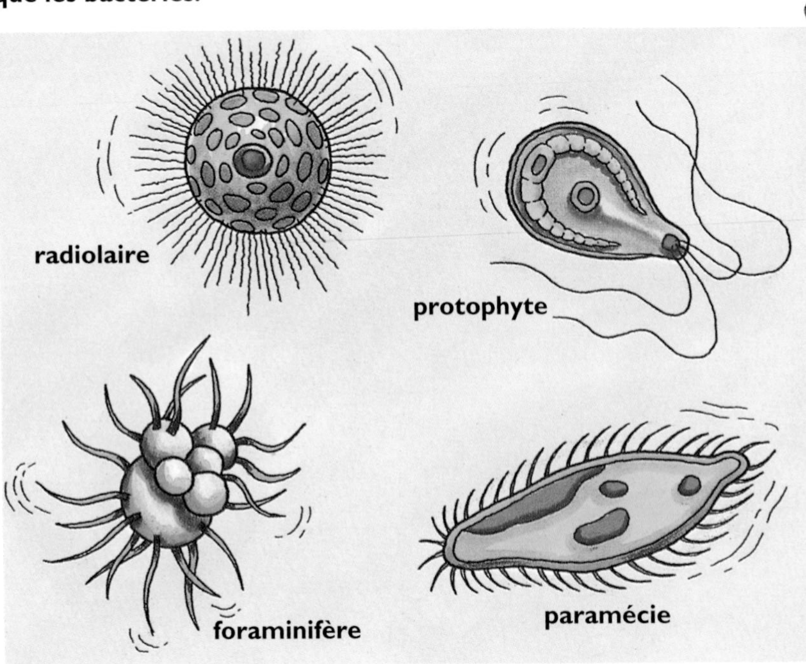

La terre

La terre
Avant les sources
À l'origine
du silence
La terre est proche
La terre est lourde
Elle roule au loin
Sous nos talons
La terre !

Georges Jean

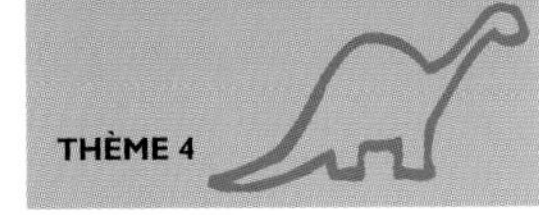

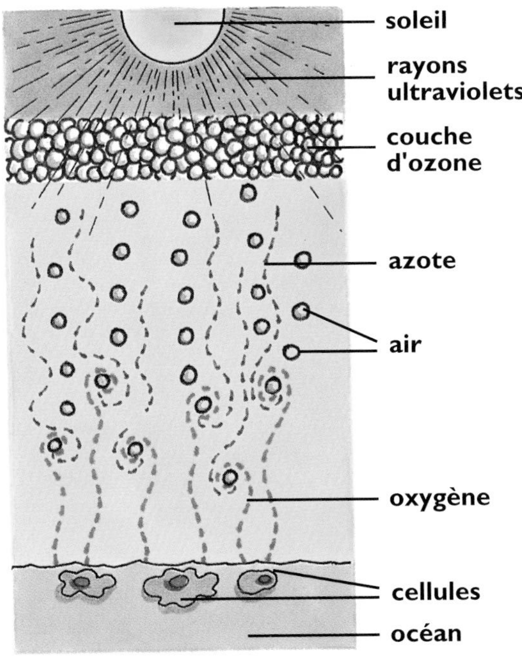

La vie devient possible hors de l'eau

Les premières cellules vivaient à la surface des océans. Pour se nourrir, elles utilisaient l'énergie du soleil et dégageaient de l'oxygène. Une partie de cet oxygène s'échappait de l'eau pour se mélanger à l'azote. Peu à peu, ce mélange de gaz a formé de l'air.

À mesure que les cellules se multipliaient, l'air contenait de plus en plus d'oxygène et devenait de plus en plus respirable. Mais les rayons ultraviolets du soleil étaient alors beaucoup trop forts. Ils auraient brûlé les êtres vivants qui se seraient risqués à sortir de l'eau.

Pendant encore quelques millions d'années, les rayons ultraviolets ont transformé une partie de l'oxygène de l'air. Cela a formé une couche protectrice autour de la Terre. C'est la fameuse couche d'ozone dont on parle tant aujourd'hui. Grâce à cette espèce de bouclier, les êtres vivants ont pu sortir de l'eau sans danger d'être brûlés par le soleil.

Peu à peu, les cellules se sont organisées pour former des êtres pluricellulaires, c'est-à-dire formés de plus d'une cellule. Des plantes et des animaux de plus en plus complexes se sont développés.

Entrevue

Bonjour la mer !
Tu es bien gaie ce soir ?
Tu fais un sacré tintamarre !

Tu remues ciel et terre et galets
Tu écumes de plaisir
Le vent te fait des caresses ?
Tu as encore mordu la dune
traîtresse !

Bon, il fait frisquet…
Au revoir la mer je reviendrai

Clod'ARIA

Premiers organismes pluricellulaires.

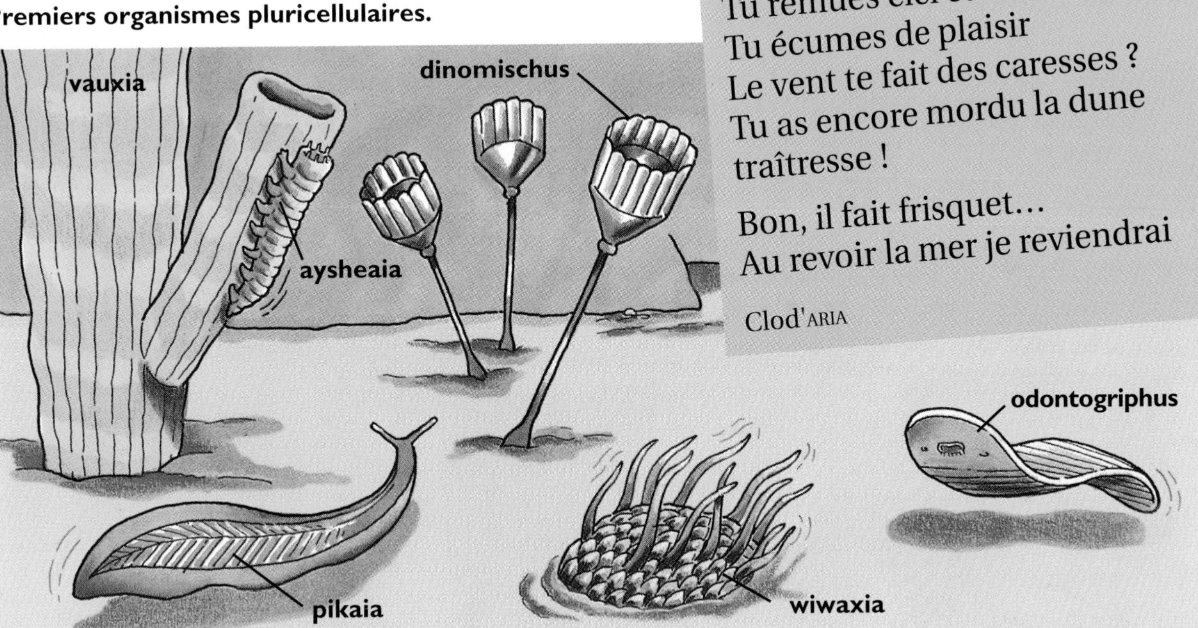

Invertébrés et vertébrés

Les premiers animaux apparus dans l'eau n'avaient ni squelette interne ni colonne vertébrale, contrairement aux poissons, aux chiens ou aux humains. C'est pourquoi les scientifiques les ont nommés des invertébrés.

Les invertébrés sortent de l'eau les premiers

Les invertébrés ont été les premiers êtres vivants à sortir de l'eau pour venir habiter sur la terre. Ils ont commencé par passer de très courtes périodes hors de l'eau pour apprendre à respirer l'air. Peu à peu, après des millions d'années, ils ont élaboré un système respiratoire qui leur a permis de vivre sur la terre.

Les premiers animaux vraiment terrestres descendaient tous du scorpion marin. C'étaient des scorpions, des araignées, des mille-pattes et des blattes. Il y avait aussi des libellules géantes qui pouvaient atteindre la longueur d'une raquette de tennis.

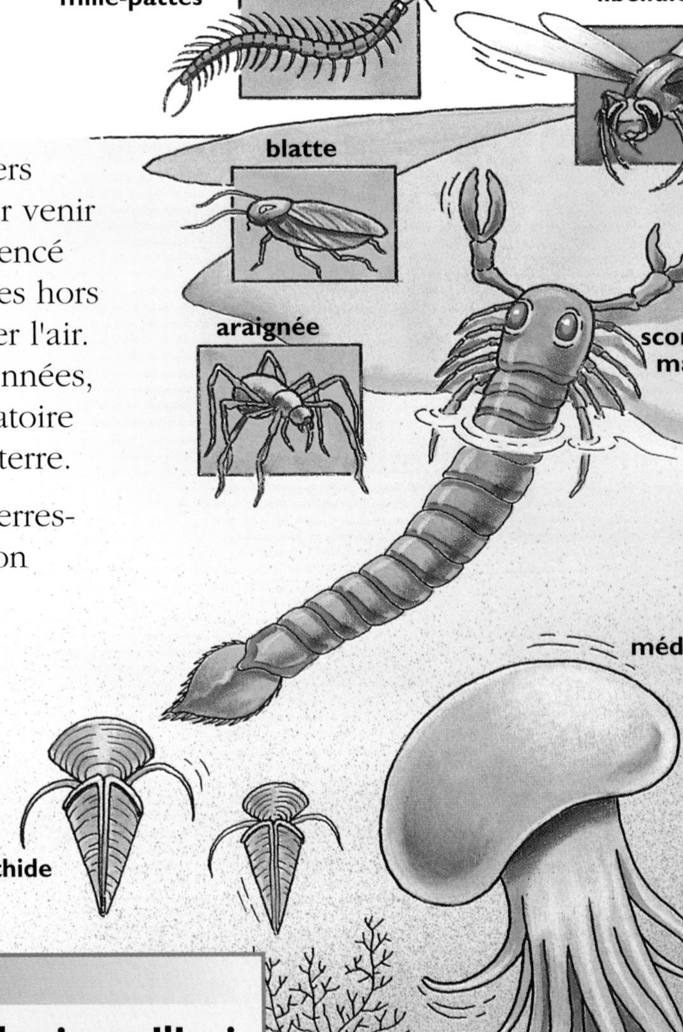

Invertébrés d'aujourd'hui

Il existe environ un million de sortes d'invertébrés. Ils ont évolué pour adopter des formes très variées. Les protozoaires, par exemple, sont tellement petits qu'il faut un microscope pour les voir. D'autres, comme les calmars, peuvent atteindre plusieurs mètres de longueur. On trouve des invertébrés aussi bien dans l'eau (crabes, méduses, pieuvres) que sur la terre (insectes et araignées).

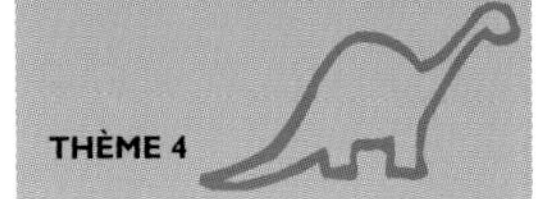

De l'eau à la terre

Les premiers vertébrés terrestres : les amphibiens

On appelle amphibiens les premiers vertébrés qui se sont risqués à sortir de l'eau pour s'adapter à la vie terrestre. Cela s'est passé il y a environ 300 millions d'années. Ces premiers amphibiens sont les ancêtres des grenouilles, des crapauds et des salamandres.

Nous ne savons pas exactement à quoi ressemblaient les premiers amphibiens. D'après des squelettes très anciens qu'on a retrouvés, on pense qu'ils mesuraient jusqu'à deux mètres.

Les amphibiens restent des animaux plus aquatiques que terrestres. À cause de leur peau très perméable et très fragile, ils ne peuvent pas rester très longtemps hors de l'eau. La plupart des amphibiens doivent aussi continuer à pondre leurs œufs dans l'eau.

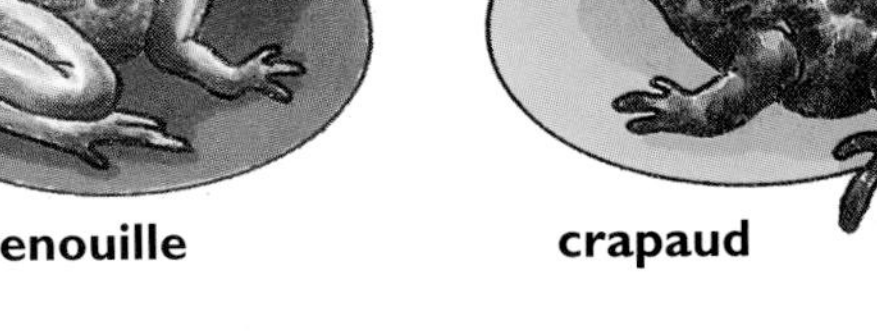

grenouille crapaud salamandre

Les maîtres de la terre : les reptiles

Certains amphibiens ont lentement évolué pour devenir des reptiles. Leur peau est devenue plus épaisse et plus dure. Ils ont alors pu s'éloigner des marais pour passer plus de temps sur la terre. Les reptiles peuvent pondre leurs œufs sur la terre. Ils peuvent donc vivre et se reproduire loin de l'eau.

Les dinosaures : des reptiles impressionnants

Les dinosaures sont les reptiles les plus impressionnants à avoir jamais existé. Pendant plus de 140 millions d'années, ils sont restés les maîtres de la terre.

Les dinosaures existaient avant que les continents se séparent les uns des autres. Ils ont donc pu se disperser partout, et c'est pourquoi on trouve aujourd'hui des fossiles de dinosaures sur tous les continents.

On pense souvent que les reptiles étaient tous des géants. Certains étaient en effet aussi gros que nos baleines bleues, mais plusieurs ne dépassaient pas la taille d'un poulet. On a retrouvé les fossiles d'environ 340 espèces de dinosaures.

La forme des os des dinosaures nous indique qu'ils marchaient debout. Ils ne rampaient pas. On sait aussi que certains petits dinosaures couraient plus vite que nous et que d'autres pouvaient nager. La forme de leurs dents et de leur mâchoire nous apprend que certains d'entre eux mangeaient de la viande. Ils étaient même de redoutables carnivores. Ils devaient se nourrir des dinosaures herbivores.

ALBERTOSAURUS

Il y a des millions d'années, l'*Albertosaurus*, un terrible carnivore, vivait sur le territoire du Canada actuel, en Alberta.

Royal Tyrell Museum/Alberta Community Development

Les autres reptiles

Plusieurs millions d'années avant les dinosaures, d'autres reptiles étaient déjà présents sur la terre. C'étaient de petits animaux bien adaptés à la vie terrestre, comme des tortues marines et des tortues terrestres.

Les reptiles ne peuvent pas, comme nous, régler la température interne de leur corps. Ils ont le sang froid. C'est pourquoi on les trouve surtout dans les pays chauds. Les reptiles d'aujourd'hui sont les serpents, les tortues, les crocodiles et les lézards.

L'air

L'air frais du matin
et le bonheur d'être en vie
Un oiseau noir traverse le ciel
Les cimes vertes des arbres
Être là
Dans la paix du ciel gris
Dans le silence initial
D'une vie nouvelle

Christian Bulting

Pourquoi les dinosaures sont-ils disparus ?

Après avoir dominé la terre, les dinosaures sont disparus très subitement, peut-être en quelques mois seulement. Est-ce que les dinosaures carnivores ont dévoré tous les herbivores et sont ensuite morts de faim ? Est-ce qu'une maladie les a exterminés ?

Aujourd'hui, on sait qu'une énorme météorite est tombée sur la Terre il y a 65 millions d'années. On pense qu'elle frappa la Terre à plus de 150 000 kilomètres par heure. La collision a dû produire une énergie équivalente à celle de dix millions de bombes atomiques ! Cela créa autour de la Terre un épais nuage de poussières qui cacha les rayons du soleil pendant des mois ou même des années. La plupart des animaux et des plantes ont alors disparu.

- En lisant ce dossier, qu'est-ce que tu as appris sur l'apparition de la vie, les bactéries, la cellule, les invertébrés, les amphibiens et les reptiles ?

Les premiers mammifères n'étaient pas très impressionnants, mais ils avaient de grands avantages par rapport aux reptiles. Lis ce texte pour connaître les grandes caractéristiques des mammifères.

Des reptiles aux mammifères

Les mammifères

Certains reptiles primitifs se sont lentement transformés pour donner naissance aux premiers mammifères. C'étaient de petits animaux pas plus gros que des souris. Ils avaient mis au point un système pour régler la température de leur corps. C'est pourquoi ils pouvaient s'adapter aussi bien aux pays froids qu'aux pays chauds. Mais la caractéristique la plus connue des mammifères est que les mères possèdent des mamelles pour allaiter leurs petits.

Une fois que leurs dents sont poussées, les mammifères peuvent couper, déchiqueter, broyer ou ronger leurs aliments. Leur bouche ne peut pas s'ouvrir aussi grand que celle des reptiles, mais elle a plus de force pour mastiquer. Les mammifères possèdent en général des doigts et des orteils. Ils ont aussi des ongles comme les humains, des griffes comme le tigre ou des sabots comme le cheval.

Les petits des mammifères ne naissent pas dans des œufs comme ceux des reptiles ou des amphibiens. Ils se développent dans un utérus, entourés d'un placenta, à l'intérieur du corps de la mère. Ils naissent sans enveloppe, prêts à respirer l'air.

- Qu'ont développé les mammifères pour mieux s'adapter à leur milieu ?
- Quelle est la caractéristique la plus visible des mammifères ?

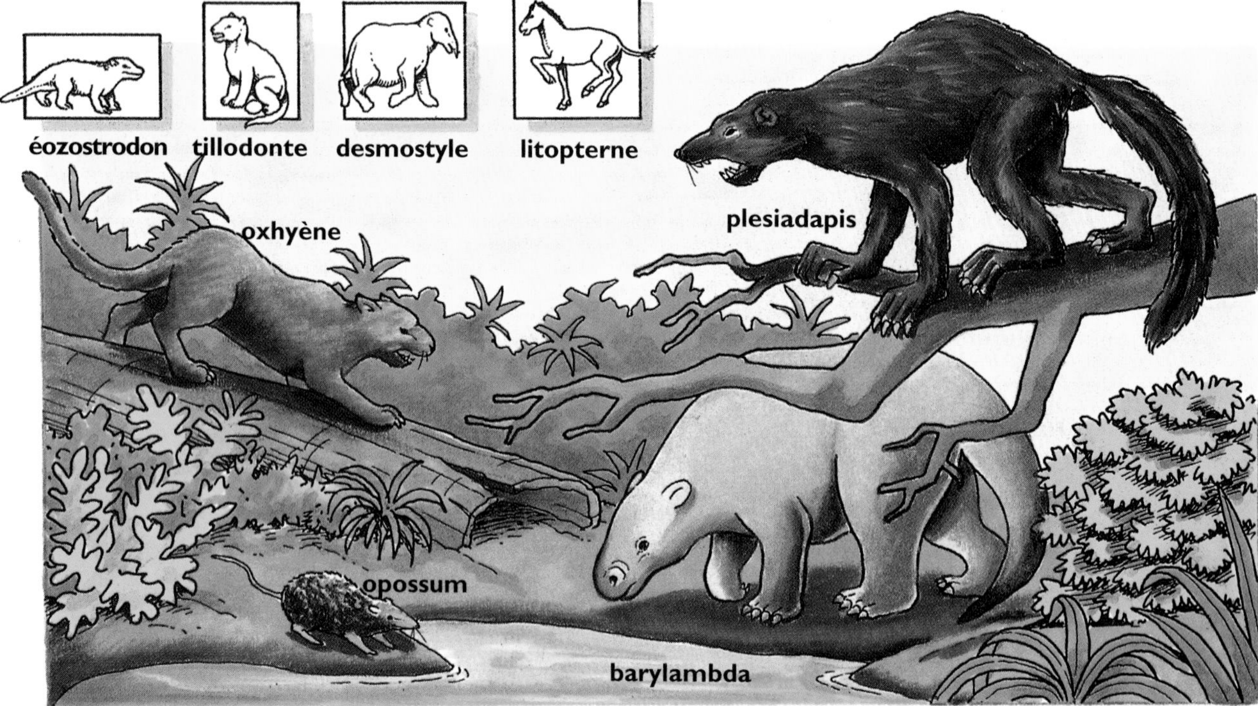

Le singe est-il vraiment ton cousin ? Trouves-tu que tu ressembles à un singe ? Lis ce texte qui te donnera des informations étonnantes.

Nos cousins, les singes

Pourquoi dit-on que le singe est notre cousin ? Tout simplement parce qu'il appartient à la même famille que l'être humain, celle des **primates**. Cela veut dire que les singes et les humains ont un ancêtre commun. On pense que l'être humain s'est séparé des grands singes africains, le chimpanzé et le gorille, il y a environ cinq millions d'années. On ignore toujours lequel de ces deux cousins est notre plus proche parent.

Entre cousins, il existe des ressemblances et des différences. Les chimpanzés et les gorilles marchent la plupart du temps à quatre pattes, mais ils sont capables de se tenir debout. Comme nous, ils n'ont pas de queue, et leur corps, leurs muscles et leur sang sont très semblables aux nôtres. Ils ont eux aussi cinq doigts. Contrairement à nous, ils peuvent saisir un objet avec les pieds. C'est parce que leur gros orteil s'oppose aux autres orteils, un peu comme le pouce de notre main.

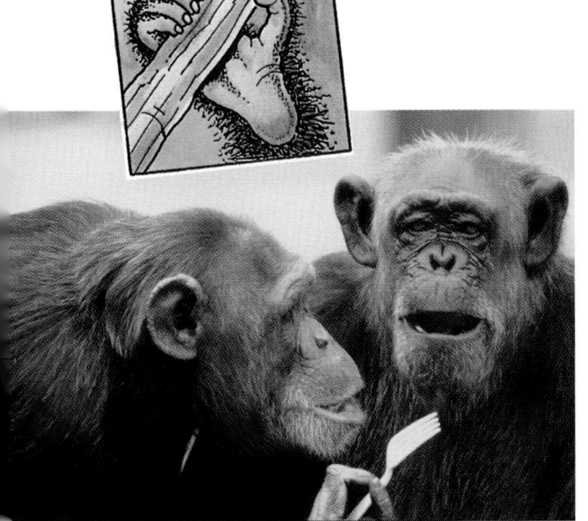

Les yeux des grands singes sont situés tous les deux sur le devant du visage, comme les nôtres. Cela leur permet de bien juger des distances. Leur odorat est beaucoup plus développé que le nôtre.

Ces grands singes sont suffisamment intelligents pour se fabriquer des outils, comme un bâton pour attraper des insectes. Mais ils ne penseront pas, comme les humains, à se fabriquer une maison pour s'abriter de la pluie.

- À quelle famille animale l'être humain appartient-il ?
- Quelles sont les grandes ressemblances et les grandes différences entre les humains et les singes ?
- Connais-tu d'autres animaux capables d'utiliser des outils ?

Serais-tu capable de distinguer un gorille d'un chimpanzé dans la nature ?
Pense bien à ce qui différencie ces deux animaux, puis lis le texte pour vérifier tes hypothèses.

Comment vivent les gorilles ?

Les gorilles vivent en Afrique centrale. Certains préfèrent les plaines, d'autres les montagnes. Les jeunes gorilles sont curieux et ils adorent jouer et grimper aux arbres. Une fois adultes, les gorilles sont tellement gros qu'ils préfèrent rester au sol.

Les mâles sont souvent plus grands que les plus grands êtres humains et ils peuvent peser trois fois plus. Pour faire fuir ses ennemis, le gorille mâle crie et adopte une position menaçante. Il tape des pieds et il grince des dents tout en se frappant la poitrine. Mais, avec les membres de sa troupe, il est plutôt amical.

Les gorilles sont des lève-tôt. Ils passent la plus grande partie de la journée à avaler une énorme quantité de lianes, de feuilles, d'écorce ou d'herbes. S'ils aiment bien se faire mouiller à la pluie, ils évitent cependant de nager.

Les gorilles s'accouplent à tout moment de l'année. La femelle choisit de préférence le mâle le plus fort de la troupe, car il pourra mieux protéger ses petits contre les léopards qui tenteraient de les dévorer. Il arrive que la femelle donne naissance à des jumeaux. Comme chez les humains, les petits naissent après neuf mois de gestation.

Comment vivent les chimpanzés ?

Les chimpanzés sont des animaux très sociables qui aiment s'amuser entre eux. Ils vivent en Afrique, près de l'équateur. Quand ils ont fini de grandir, les adultes ont à peu près la taille d'un enfant de dix ans.

Les chimpanzés détestent la saison des pluies. Lorsqu'il pleut, les mâles se fâchent et lancent des objets partout, tandis que les femelles se construisent un nid pour y dormir. Les chimpanzés passent près de la moitié de leur temps à se balancer dans les arbres.

Le chimpanzé est un animal très expressif. Il sourit lorsqu'il est de bonne humeur. Il grogne s'il est en colère ou s'il a peur. Il gémit s'il a mal ou s'il est triste. S'il est vraiment très effrayé, le chimpanzé se met debout et hérisse tous ses poils pour faire peur à son tour. Il passe la plupart de son temps à chercher de la nourriture et à manger. Il raffole des fruits. S'il en trouve de beaux, il crie pour inviter toute la troupe à les partager. Il aime aussi les insectes, le miel, et il mange à l'occasion des oiseaux ou des petits singes.

À partir de six ans, les chimpanzés femelles peuvent avoir des petits. Elles ont habituellement un petit à la fois, qui naît après huit mois de gestation.

- D'après ce que tu as lu, un chimpanzé serait-il plus facile à apprivoiser qu'un gorille ? Pourquoi ?
- Observe les finales des verbes conjugués avec **ils** ou **elles**. Que remarques-tu ?

Alerte aux pronoms **ils** et **elles**

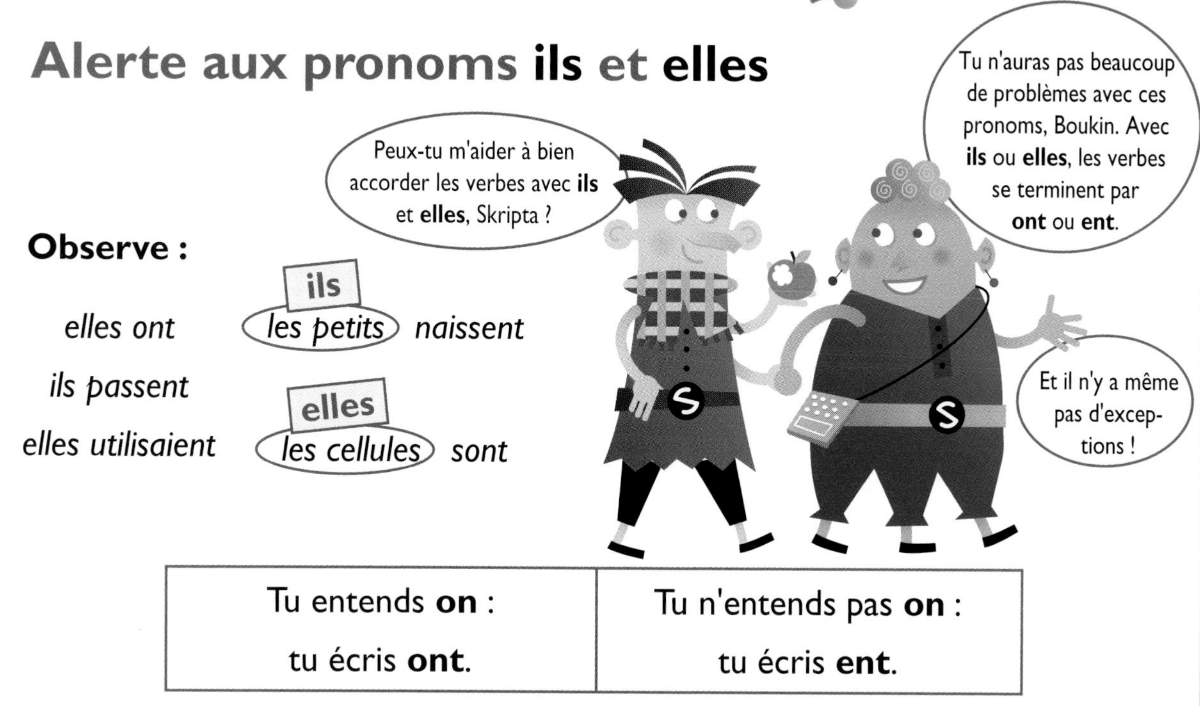

Peux-tu m'aider à bien accorder les verbes avec **ils** et **elles**, Skripta ?
Tu n'auras pas beaucoup de problèmes avec ces pronoms, Boukin. Avec **ils** ou **elles**, les verbes se terminent par **ont** ou **ent**.
Et il n'y a même pas d'exceptions !

Observe :

elles ont

ils passent

elles utilisaient

les petits (ils) *naissent*

les cellules (elles) *sont*

Tu entends **on** : tu écris **ont**.	Tu n'entends pas **on** : tu écris **ent**.

J'écris, tu écris...

Rédige des fiches de questions et de réponses à partir du texte *Des premiers êtres vivants aux humains*.
Tu pourras ainsi faire partager tes connaissances à tes amis ou aux membres de ta famille.

Réfléchis à ton texte.
- Relis les textes pour trouver de bonnes questions à poser.

Mets tes idées en mots.
- Assure-toi d'employer des mots précis pour que tes questions soient justes.

Relis, vérifie et corrige tes fiches.
- Vérifie l'orthographe des mots compliqués.
- N'oublie pas de mettre des points d'interrogation à la fin des questions.
- Deux à deux, échangez vos fiches. Lisez les questions et essayez d'y répondre. Corrigez vos fiches au besoin.

Finalise tes fiches.
- Plie une feuille en trois. Copie une question dans chaque section. Demande à ton ami ou ton amie de copier la réponse au verso. Découpe ensuite chaque section.

Crocus est un dinosaure très curieux. Osera-t-il poser les questions qui lui trottent dans la tête ?

À l'école des Diplodocus

Au milieu d'une clairière, un groupe de jeunes diplodocus, dinosaures de très grande taille, écoutaient la leçon de madame Métressaurus. Ils aimaient leur enseignante, qui ne laissait jamais une question sans réponse. Ils aimaient aussi cet endroit, qu'ils croyaient préparé pour eux. Un mur de fougères géantes et de prêles se dressait tout autour. D'immenses ginkgos, avec leurs feuilles en éventail, donnaient de l'ombre. Un doux tapis de mousse rendait le sol moelleux et confortable. Pouvait-on demander mieux ?

Madame Métressaurus se tenait à côté d'un « désespoir du singe », une sorte d'arbre qui servait de support à son tableau. Elle avait décidé, ce jour-là, d'expliquer les origines de la vie. Elle fit d'abord comprendre à ses élèves que les substances nécessaires à la vie et les premiers êtres vivants eux-mêmes sont apparus dans la mer.

— Mais pourquoi dans la mer ? demanda Crocus, le plus jeune du groupe.

— Tout simplement parce que c'était autrefois le seul endroit qui réunissait toutes les conditions nécessaires à la vie, répondit madame Métressaurus.

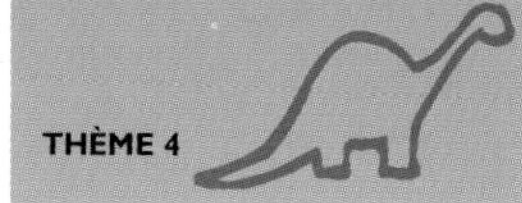

Ils écoutaient tous attentivement malgré les bruits assourdissants des nuées d'insectes qui bourdonnaient dans le voisinage. Madame Métressaurus leur montra que la vie était toujours en état de changement. Elle leur expliqua que tous les êtres vivants essayaient sans cesse de s'adapter à leur environnement. Cela produisait avec le temps des changements importants. Elle terminait à peine sa phrase qu'une grosse libellule vint se poser sur la tête de Crocus. Un peu surpris, il fit un mouvement pour la chasser, mais madame Métressaurus lui fit signe de ne pas bouger.

Et, avec le sourire, elle dit aux jeunes dinosaures :

— Regardez bien cette libellule. Si ses ailes sont devenues aussi grandes, c'est pour attraper plus facilement d'autres insectes. Elle possède aussi des mandibules puissantes pour les croquer.

Toute la classe fit une grimace de dédain, parce que tous étaient végétariens.

Quand la libellule s'envola, les élèves la suivirent des yeux : elle exécutait des acrobaties en poursuivant d'autres insectes. Mais un bruit sourd de pas pesants détourna leur attention. Presque aussitôt, les fougères s'écartèrent, laissant apparaître l'immense silhouette de Papisaurus, le plus ancien dinosaure de la communauté. C'était une visite surprise que madame Métressaurus avait soigneusement cachée à ses élèves. Tous se levèrent d'un bond et entourèrent le visiteur. Au lieu de regagner leur place, comme le font tous les élèves, ils restèrent debout, étant donné la grande taille du visiteur.

Papisaurus ouvrit son sac à dos et en sortit une collection de fossiles. Les jeunes apprirent ainsi que les fossiles sont des empreintes et des restes des êtres vivants des époques antérieures de la longue histoire de la vie. Crocus ne perdait aucune explication. Cependant, des questions trottaient toujours dans sa tête. N'en pouvant plus, il lança :

— Pourquoi nous, les dinosaures, avons-nous un si long cou ?

Papisaurus lui répondit :

— Parce que nous nous sommes adaptés pour cueillir notre nourriture dans les arbres et les hautes herbes.

— Mais pourquoi avoir une aussi longue queue ? reprit encore Crocus.

Papisaurus n'hésita pas une seconde :

— C'est pour garder notre équilibre et frapper les ennemis qui nous attaquent.

Tous applaudirent Papisaurus.

Madame Métressaurus fit retentir le carillon de la récréation. Les élèves bondirent en direction de la savane. Mais Papisaurus s'écria :

— Hé ! pas si vite, j'ai apporté la collation ! Et, sortant de son sac de délicieux bouquets garnis, il en fit la distribution.

- Crocus a-t-il posé les questions qui le préoccupaient ?
- Comment Papisaurus explique-t-il que les dinosaures aient un long cou ?

Comprendre des phrases longues

Voici ce que tu peux faire pour comprendre des phrases longues.

Trouvant cela amusant, Napi façonna un deuxième animal, puis un troisième, puis tous les animaux que nous connaissons aujourd'hui.

1. **Dis dans tes mots chaque partie de la phrase.**
2. **Repère les parties de la phrase séparées par des virgules.**
3. **Saute des mots moins importants ou résume les idées de la phrase.**
4. **Quand tu as compris le sens de la phrase, relis-la.**

fabriqua

Parce qu'il trouvait ça amusant,
Napi fabriqua

Repérer le verbe

Dans une phrase, il y a une équipe aussi importante que l'équipe du nom. C'est l'équipe du **verbe**. La plupart du temps, le verbe indique une action.

Comment fait-on pour reconnaître le verbe, Skripta ?
C'est simple. Si tu peux mettre un pronom comme **je**, **tu**, **il**... devant le mot, alors, c'est un verbe.
Je marche, tu manges, il parle. Oui. Ça va ! Ce sont des verbes. Je bactérie, tu mammifères, elle dinosaure... Comme c'est drôle ! Ce ne sont pas des verbes, bien sûr !
Tu vois ! Tu peux aussi encadrer le mot de **ne... pas**.
Elle **n'**arbre **pas**... Non ! Elle **ne** marche **pas**... Oui. C'est un verbe.

On m'a expliqué que la roue était une des plus grandes inventions humaines. Sais-tu quand on l'a inventée ? Que sais-tu de l'histoire de la roue ?

D'où vient la roue ?

La roue est une des inventions humaines les plus importantes. Pourtant, on ne sait pas qui l'a inventée, car cela s'est passé il y a bien trop longtemps. Les plus vieilles roues que nous connaissons datent d'il y a 5500 ans.

Certaines personnes croient que les premières roues ont été des troncs d'arbres sur lesquels on faisait rouler un chariot. Toutefois, on n'a trouvé aucune trace de ce genre de véhicule. Les plus vieux dessins montrent plutôt des roues faites de plusieurs planches de bois clouées les unes aux autres. Avec le temps, ces roues ont été ceinturées d'un anneau de métal. L'anneau les rendait plus rondes et plus solides.

Des milliers d'années plus tard, on a commencé à fabriquer des roues en utilisant d'autres matériaux que le bois. Par exemple, on a forgé de grosses roues en fer pour y placer des canons tirés par des chevaux.

Les roues modernes, celles de nos bicyclettes et de nos automobiles, ont été inventées il y a un peu plus de cent ans. C'est en effet vers 1870 qu'on a créé les premières roues en fil de fer pour bicyclettes.
Les premiers pneus de caoutchouc ont été fabriqués dans les années 1880.

NASA

Pour inventer la roue, l'être humain n'a pas pu s'inspirer de la nature. Rien ne ressemble à la roue chez les êtres vivants. Pourquoi ? Des savants nous expliquent que la roue est efficace seulement sur un terrain plat. Comme il y a surtout des terrains accidentés dans la nature, les pattes sont beaucoup plus efficaces que les roues. C'est d'ailleurs pourquoi les humains commencent actuellement à construire des sortes de véhicules à pattes. Ces véhicules pourraient se déplacer plus efficacement que des véhicules à roues sur des collines ou des cratères par exemple.

- Pourquoi ne peut-on pas savoir qui a inventé la roue ?
- D'après le contexte, as-tu deviné le sens du mot « ceinturées » ?
- Décris un jouet qui contient une ou plusieurs roues.

Je me suis souvent demandé pourquoi il y avait tant de roues sur terre.
En lisant ce texte, tu verras qu'il y a des roues à peu près partout autour de toi.

DES ROUES PARTOUT

Un monde sans roues ? Inimaginable !

Peut-on imaginer un monde sans roues ? Penses-y deux minutes ! S'il n'y avait pas de roues autour de nous, il n'y aurait pas d'automobiles, pas de camions... et pas de bicyclettes. On serait également privé de bien d'autres choses. Pense à tous les objets dans lesquels il y a une roue. C'est le cas de tous les appareils qui fonctionnent à moteur et de la plupart de nos jouets.

Pourquoi y a-t-il tant de roues sur terre ? C'est parce que les roues permettent de faire tourner toutes sortes de choses. L'action de tourner est essentielle à la vie des terriens.

En effet, la roue se cache un peu partout autour de nous, comme tu vas le découvrir dans ce dossier.

Le plus important moyen de transport

La première utilité de la roue est de permettre de déplacer facilement des objets. Par exemple, au lieu de traîner un gros sac par terre, on le met dans une brouette qu'on pousse. Chaque fois qu'on transporte quelque chose de cette façon, on se sert de la roue comme d'un outil de travail.

Les automobiles, les camions et les trains ont des roues, mais également les bateaux, les avions et les fusées. Regarde attentivement un avion. Tu verras qu'il est équipé d'un **train d'atterrissage** muni de roues.

Tu te demandes où sont les roues du bateau ? Non, elles ne sont pas en dessous ! Il faut plutôt les chercher à l'intérieur du bateau, dans la cale, là où se trouve le moteur. Car les roues ne servent pas qu'au transport des véhicules. Elles permettent également de transmettre un **travail mécanique**. Dans tous les moteurs, on trouve en effet des roues qui actionnent d'autres roues. C'est ce qu'on appelle des **engrenages**. C'est ainsi que les engrenages des moteurs de navires font tourner les hélices. Et une hélice, au fond, qu'est-ce que c'est ? C'est aussi une sorte de roue qui propulse le navire dans l'eau.

Observe des schémas d'avions, de fusées, d'automobiles et de camions. Tu constateras que ces véhicules ont tous un ou plusieurs moteurs munis d'engrenages. Ta bicyclette est munie d'engrenages : examine le pédalier et regarde les engrenages de la roue arrière.

Et ça tourne, et ça tourne !

Souvent, une roue sert simplement à faire tourner quelque chose. Par exemple, la roue de ta bicyclette tourne autour d'un **essieu**; cet essieu est une sorte de roue. Regarde attentivement autour de toi. Tu trouveras des essieux presque chaque fois qu'une roue tourne.

Il y a également les **pivots**. Pense aux portes que tu as ouvertes et fermées depuis ce matin. Chaque porte est reliée au mur par deux pentures. Au centre de chaque penture, il y a un pivot.

Des roues cachées ?

La roue remplit également d'autres rôles cachés. Elle sert notamment comme **poulie**. Qu'est-ce qu'une poulie ? C'est une roue spéciale qui permet de faire glisser une corde ou un câble.

L'utilisation la plus familière d'une poulie est de faire glisser une « corde à linge ». Une corde à linge est constituée de deux poulies : l'une est accrochée à un mur, l'autre à un poteau. Entre ces deux poulies, on installe une corde qui glisse facilement. Grâce aux deux poulies, on peut facilement faire circuler le linge d'un bout à l'autre de la corde à linge.

Odile Martinez

La grue : un « tas de roues » qui produisent de la force

Sais-tu qu'on peut lever des charges très lourdes grâce à un ensemble de poulies ?

C'est ce que font les grues sur un chantier de construction. Si tu regardes attentivement le mât d'une grue, tu remarqueras qu'il y a des séries de poulies. La grue est d'ailleurs un bel exemple de l'utilisation de tout ce qui tourne : roues, essieux, pivots, engrenages et poulies.

Au Moyen Âge, on a utilisé de grosses roues à aubes pour actionner des machines.

Les roues qui travaillent pour nous

Il existe bien d'autres sortes de roues. Par exemple, certains navires se propulsent à l'aide de roues à aubes. Nous produisons également de l'électricité grâce à des roues spéciales qu'on appelle **turbines**. En regardant dans une encyclopédie illustrée, tu trouveras bien d'autres roues qui travaillent pour nous.

Un monde sans roues

La roue est sans aucun doute la machine la plus utilisée qui soit. On n'a qu'à penser à tout ce qu'on fait avec des machines munies de roues. Pourrait-on imaginer un monde sans roues ? Peut-être... Pourrais-tu dessiner la planète des Stratégos, où il n'y a pas de roues ? Tu verras que ce n'est pas facile !

- Après avoir lu ce texte, peux-tu dire à quoi servent les divers types de roues ?
- Explique de quelle façon tu as trouvé le sens des mots en caractères gras.
- Trouve dans le texte un mot de relation qui exprime une cause ou une raison.

Les mots de relation

Dans une phrase, il y a des mots qu'on a souvent du mal à comprendre, parce qu'ils n'ont pas de sens par eux-mêmes. Ces mots servent seulement à faire des liens.

- Les mots de relation font des liens entre deux parties d'une phrase :

*Les camions roulent, **tandis que** les bateaux flottent.*

- Les mots de relation font aussi des liens entre deux phrases :

*Certaines personnes croient que les premières roues étaient des troncs d'arbre. **Toutefois**, on n'a trouvé aucune trace de ce genre de véhicule.*

Il est important de comprendre ce que signifient les mots de relation pour bien comprendre le sens de la phrase. Pour s'aider, on peut essayer de remplacer le mot de relation qu'on ne comprend pas par un mot de relation qu'on connaît :

*Les camions roulent, **mais** les bateaux flottent.*

*Certaines personnes croient que les premières roues étaient des troncs d'arbre. **Cependant**, on n'a trouvé aucune trace de ce genre de véhicule.*

Connais-tu des bricolages à réaliser avec des formes rondes comme des roues ? Peux-tu en imaginer un ? Décris ton bricolage. Tu pourras ensuite le réaliser et le présenter à tes amis de la classe.

Réfléchis à ton texte.

- Pense à ton bricolage.
- Pense au matériel qu'il faudra pour le réaliser.
- Pense aux étapes de réalisation.

Mets tes idées en mots.

- Assure-toi que tes consignes sont claires et qu'elles sont dans l'ordre.

Relis, vérifie et corrige ton texte.

- Demande à un ami ou à une amie de lire ton texte. Cela t'aidera à le corriger.

Finalise ton texte.

- Espace les consignes.
- Fais des dessins au besoin pour expliquer certaines étapes de réalisation.

Des mots de substitution : les synonymes

Il y a plusieurs façons de remplacer un mot par un autre, parce qu'il y a plusieurs sortes de mots de substitution. Regarde bien ce court texte :

La grue est une ***machine*** *composée de plusieurs* ***roues****. Ce puissant* ***engin*** *peut, avec ses nombreuses* ***poulies****, soulever et transporter les objets les plus lourds.*

Le mot **engin** vient remplacer le mot **machine**. Ces deux mots sont des synonymes. Le mot **poulies** vient remplacer le mot **roues**. Ce sont aussi des synonymes.

Un synonyme est un mot qui veut dire presque la même chose qu'un autre mot.

Les synonymes viennent souvent remplacer d'autres mots. Il est important de voir ce qu'ils remplacent pour faire de bons liens et comprendre le texte.

Employer des synonymes

Toi aussi tu peux employer des synonymes. Cela t'évitera de répéter trop souvent le même mot. Regarde les exemples suivants :

Une ***grosse*** *roue = une* ***énorme*** *roue*

Je ***regarde*** *les oiseaux. = J'****observe*** *les oiseaux.*

Pour bien écrire : consulter le dictionnaire

Skripta, je n'ai pas trouvé les mots « abile » et « apareil » dans mon dictionnaire ! Tu me conseilles de corriger mes mots, mais ils ne sont même pas dans le dictionnaire !

Si tu as mal orthographié le mot, Nespa, tu ne le trouveras pas. Dans ce cas-là, tu dois faire des essais. Est-ce que le mot commence par un **h** muet ? Essaie de trouver « **h**abile ». Est-ce qu'une des consonnes est double ? Cherche « ap**p**areil ».

Pour d'autres mots, pose-toi d'autres questions. Est-ce que le son **c** s'écrit avec un **c**, avec un **k**, avec **qu** ? Méfie-toi aussi des **g**, **j**, **gu**, etc.

Voici maintenant un poème en forme de roue !
On m'a expliqué que c'était un calligramme. Seras-tu capable de le lire ?

La grande roue

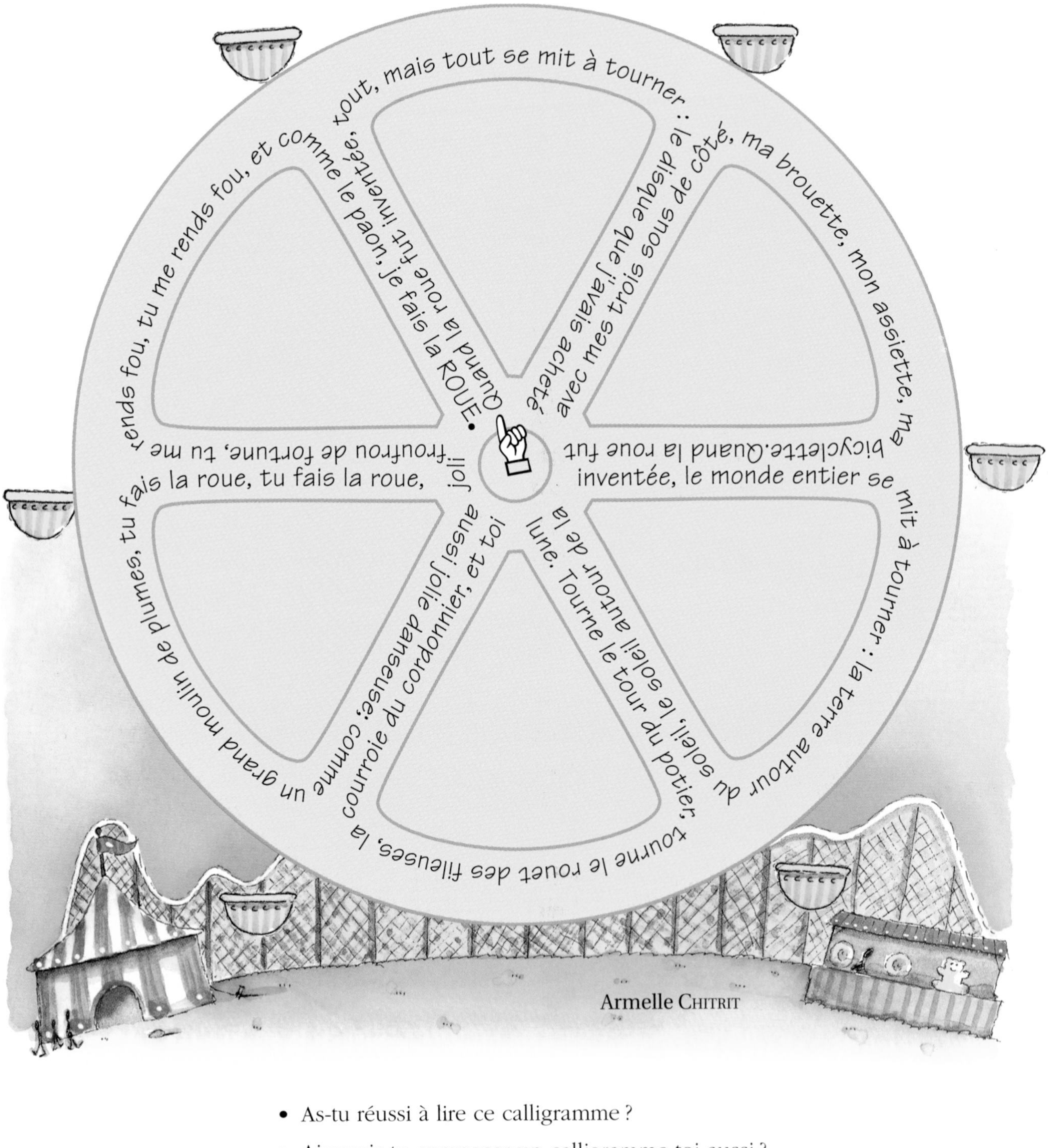

Quand la roue fut inventée, tout, mais tout se mit à tourner : le disque que j'avais acheté avec mes trois sous de côté, ma brouette, mon assiette, ma bicyclette. Quand la roue fut inventée, le monde entier se mit à tourner : la terre autour du soleil, le soleil autour de la lune. Tourne le tour du potier, tourne le rouet des fileuses, la courroie du cordonnier, et toi aussi jolie danseuse; comme un grand moulin de plumes, tu fais la roue, tu fais la roue, joli froufrou de fortune, tu me rends fou, tu me rends fou, et comme le paon, je fais la ROUE.

Armelle Chitrit

- As-tu réussi à lire ce calligramme ?
- Aimerais-tu composer un calligramme toi aussi ?

Voici un autre poème sur une roue qu'on appelle un manège.
Viens faire un tour de manège avec moi.

Il tourne, le manège

Dans la musique qui l'emporte
Nous emporte aussi le manège.
Les petits s'arc-boutent au siège
Qui les bourlingue et les déporte.
Pris dans un axe vertical
Qui fait que je monte et descends,
Même s'il prend le mors aux dents
Je n'ai pas peur de ce cheval.
Je vous souris lorsque je passe.
Dans mon regard de fixité
Voyez-vous ce point éloigné
Qui se situe hors de l'espace ?

Tourner, tourner...
plaisir nouveau,

Beau plaisir qu'on n'épuise pas...
Même quand je suis dans le bas
Je souris encore d'en haut.

Pierre MENANTEAU

(*À l'école du buisson*, SGDP, 1971.)

- Qu'as-tu ressenti en lisant ce poème ?
- Ce poème contient des mots ou des expressions difficiles comme « s'arc-boutent », « bourlingue », « prend le mors aux dents ». Que peux-tu faire pour en connaître le sens ?
- Quel mot rime avec « nouveau » ? Trouve d'autres mots qui riment avec ce mot.

Accorder l'adjectif

Tu te souviens que l'adjectif fait équipe avec le nom et le déterminant. Tu sais qu'il faut accorder l'adjectif avec le nom.

- L'adjectif dit **comment est le nom** qu'il accompagne. Pour le repérer, trouve le nom dans le groupe du nom. Trouve le mot qui dit comment est ce nom. C'est l'adjectif.

  Comment est la fille ?

  Hier, j'ai rencontré une très ***gentille*** *fille.*

- L'adjectif s'accorde en genre (féminin - masculin) et en nombre (pluriel - singulier) avec le nom. C'est un mot **variable**.

  Un ***grand*** *garçon chante, des* ***grandes*** *filles jouent.*

- Pour repérer un adjectif, tu peux mettre le mot **si** devant le mot.

  C'est une ***si*** *gentille fille !*

- Dans une phrase, une fois que tu as trouvé le groupe du nom, demande-toi si un adjectif en fait partie et accorde-le avec le nom.

Observe :

Une *dame âgé****e*** *m'indique le chemin.* (féminin)

Des *dame****s*** *âgé****es*** *m'indiquent le chemin.* (féminin pluriel)

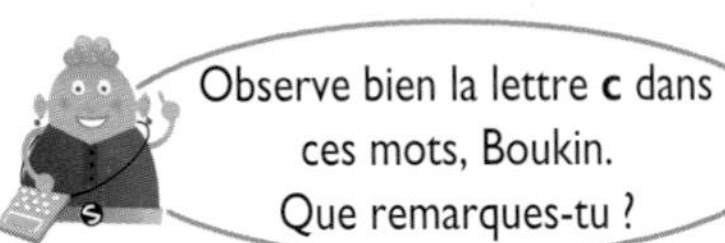

Observe bien la lettre **c** dans ces mots, Boukin. Que remarques-tu ?

c = s ou c = k ?

cacher	*véhicule*	*encore*	*à cause*
corde	*centre*	*canon*	*circuler*

Parfois, le **c** fait **k**, comme dans Bou**k**in. Parfois, il fait **s**, comme dans **S**kripta. C'est compliqué !

Non, Boukin. Ce sera très simple si tu prends le temps de mettre ce tableau dans ta tête.

c = **k** : devant les voyelles **a**, **o** et **u**	**c** = **s** : devant les voyelles **e** et **i**
C — **a** : ca**c**her **C** — **o** : **c**orde **C** — **u** : véhi**cu**le	**C** — **e** : **ce**ntre, **ce**inturer **C** — **i** : ac**ci**denté

Nespa déteste les manèges mais moi, je les adore.
Je t'invite à faire avec moi un autre tour de manège.

Mon manège à moi, c'est toi !

Je ne le savais pas encore, mais cette journée au parc d'attractions allait changer ma vie. Je venais de gagner une « fantastique journée dans le monde délirant des attractions ». Il avait suffi de répondre à une bête question au téléphone. J'étais « l'heureux gagnant » du concours « AAAAAAAAAAAAttachez vos ceintures ! ». Absolument rien à voir avec la sécurité routière, croyez-moi !

Me voilà au parc, à la première heure, dans un premier manège. « Nooooonnnn !!!!! Je n'en peux plus ! Au secours ! Maman ! Ooooooh ! Assez ! Assez ! Hiiiiiii ! Laissez-moi descendre ! »

« Encore ! Encore ! Zut ! c'est déjà fini ! » crie une gentille fille assise à côté de moi. Elle a l'air de s'en donner à cœur joie. Moi, j'essaie d'avoir l'air calme, mais ma bouche crispée trahit ma peur panique.

Aplati sur mon banc, je suis paralysé par la force centrifuge du manège. Aaaaaah ! Mon épaule droite est écrasée sur la paroi de la cabine. Au secours ! Voilà la fille qui m'écrase les côtes, qui s'égosille, qui en redemande. Boum ! C'est fini, enfin ! Un préposé nous libère de notre siège. Il faut vite céder la place à ces dizaines de fous qui attendent en ligne et qui s'impatientent. Je sors étourdi, courbaturé, épuisé, mais soulagé. Plus jamais !

Mais voilà que la gentille fille se présente. « Je m'appelle Lise, dit-elle, mais appelle-moi Lison. » Sans me donner le temps de réfléchir, elle m'entraîne aux montagnes russes. Là, c'est pire encore !

Cette machine de torture me tord le cou, me retourne l'estomac, me fait lever le cœur, m'arrache la tête. C'est assez ! Et Lise qui crie joyeusement à m'en défoncer les tympans !

« Viens ! Viens ! » me dit Lise qui me tire vers une autre attraction. La grande roue se dresse devant nous. J'ai beau protester, lui dire que j'ai le vertige, elle ne m'entend pas... Malheur ! Ça recommence ! En route pour un autre cauchemar.

À peine de retour sur le plancher des vaches, Lise me pousse dans la chambre des miroirs. Je rage. Nous voilà maintenant perdus pour de bon dans un affreux labyrinthe de glaces.

L'après-midi, d'autres étourdissements encore, d'autres pertes d'équilibre, d'autres tourbillons invraisemblables. Pourtant, je ne peux plus quitter Lison.

Nous voici enfin assis dans le téléphérique. Nous quittons le parc. Un peu plus tard, devant la porte de sa maison, Lise me dit simplement : « Passe me prendre à huit heures demain. N'oublie pas d'apporter ton casque de sécurité. On va en avoir besoin. »

C'était il y a une semaine. Depuis, Lison et moi, nous sommes devenus inséparables. Elle m'en a déjà fait voir de toutes les couleurs, et je pense que le pire est à venir...

- Pourquoi le narrateur dit-il que cette journée au parc d'attractions a changé sa vie ?
- Que signifient les expressions « s'en donner à cœur joie » et « en voir de toutes les couleurs » ?
- Imagine d'autres activités que Lison pourrait proposer au narrateur.

Blanche-Neige a invité ses amis les nains à venir fêter Noël à son château. Malheureusement, les amis ne pourront pas y aller. Essaie de deviner pourquoi.

Le cadeau des sept nains

L'invitation de Blanche-Neige

C'était bientôt Noël. Comme chaque année depuis le mariage de Blanche-Neige et du Prince, une grande animation régnait au palais. Dans les cuisines, on préparait les mets les plus exquis. Dans la grande salle de bal, les valets décoraient l'immense sapin de Noël qui s'étirait jusqu'au plafond. Pendant ce temps, la reine Blanche-Neige rédigeait des invitations.

Une fois les cartes terminées, Blanche-Neige appela ses messagers ailés et les envoya aussitôt aux quatre coins du royaume.

— Envole-toi vite vers la maison de mes chers nains, murmura Blanche-Neige à son oiseau préféré avant de le lâcher dans le ciel.

Le lendemain, à l'heure où les nains prenaient leur déjeuner, le messager de Blanche-Neige frappa délicatement avec son bec à la fenêtre de leur maisonnette.

— Qui fait tout ce tapage ? grogna Grognon. Pas moyen de déjeuner en paix !

— Oh ! Regardez ! C'est un messager de la reine ! s'écria Joyeux.

Atchoum alla aussitôt à la fenêtre et l'ouvrit. Mais une brise glaciale pénétra dans la maison et le messager fut accueilli par une tornade d'éternuements :

— AAAh... tchoum ! AAAh... tchoum !

— Ça va ! Ça va... Tout le monde ici sait comment tu t'appelles, dit Dormeur que les éternuements venaient de réveiller.

Le messager se posa sur la cafetière encore tiède pour réchauffer ses pattes engourdies. Prof s'empara alors de la carte et montra aux autres le beau paysage de Noël que le fils aîné de Blanche-Neige avait dessiné.

Le messager lut le message de la reine.

> « Mes très chers nains, je m'ennuie de vous et
> les enfants vous réclament à grands cris.
> Je compte bien sur votre présence au grand bal
> de Noël et je vous embrasse tous très tendrement !
> À bientôt, votre Blanche-Neige. »

Excités par cette heureuse nouvelle, les nains se mirent à parler tous en même temps du bal annuel. En fait, ils n'avaient jamais raté ce qui était pour eux la plus belle des fêtes. Dans cette cacophonie d'exclamations et de rires, Timide, qui n'avait pas encore dit un mot, chuchota à l'oreille de ses amis :

— Il faut trouver un beau cadeau pour notre reine bien-aimée ! Souvenez-vous que l'an passé, nous avions oublié cet important détail...

— Tu as raison ! s'écria Joyeux. Et pour nous faire pardonner cette étourderie, nous lui offrirons un cadeau magnifique, un cadeau digne d'une reine !

Tous d'accord, les nains se grattèrent la barbe à l'unisson pour mieux réfléchir au cadeau idéal.

Simplet : On pourrait peut-être lui offrir une pierre !

Grognon : Imbécile ! Que veux-tu qu'une reine fasse d'une pierre ?

Timide : Je crois que Simplet veut parler de ces pierres brillantes que nous avons vues dans la mine l'autre jour.

Prof : Les rubis ! Mais bien sûr ! Toutes les reines raffolent des pierres qui brillent. Voilà un cadeau qui lui plaira sûrement !

Joyeux : Et si nous fondons le métal d'argent qu'il nous reste, je pourrai y incruster les pierres précieuses. Je pourrai faire un bracelet, ou même un riche collier, si nous amassons assez de pierres...

Atchoum : Nous trouverons autant de pierres qu'il te faudra ! Nous travaillerons jour et nuit s'il le faut...

Dormeur : Jour et nuit... C'est vite dit ! Il faudra bien faire un petit somme !

Grognon : Eh bien ! tu te reposeras l'an prochain ! Car si nous n'allons pas à la mine tout de suite, Joyeux ne pourra jamais terminer ce collier de rubis à temps. Allez, au boulot !

(*À suivre*)

Les types de phrases

Pour bien lire et bien écrire, il faut connaître les différentes sortes de phrases. Observe :

- La phrase **interrogative**
  Elle sert à poser des questions.
  Elle se termine par un point d'interrogation.

  Que veux-tu qu'une reine fasse d'une pierre ?

- La phrase **exclamative**
  Elle exprime la joie, la surprise, la peur, la colère, etc.
  Elle se termine par un point d'exclamation.

  Cette fois, c'est la fin !

- La phrase **impérative**
  Elle sert à donner des ordres ou des consignes.
  Elle se termine par un point.

  Envole-toi vite vers la maison des nains.

- La phrase **déclarative**
  Elle sert à décrire, à annoncer, à constater.
  Elle se termine par un point.

  Dans la cuisine, on préparait les mets les plus exquis.

Les phrases négatives

Le nain Grognon, du conte de Blanche-Neige, aime dire non le plus souvent possible. Aussi, Grognon est un vrai champion des phrases négatives. La preuve ?

*Grognon **ne** veut **pas** offrir une grosse pierre à la reine.*

*Grognon **ne** veut **pas** fabriquer un riche collier pour Blanche-Neige.*

*Grognon **ne** parle **jamais** aux oiseaux de la forêt.*

Retiens bien les constructions négatives de Grognon. Rappelle-toi qu'il faut les deux mots pour faire la négation.

ne... pas
ne... jamais

Tu apprendras ici à faire un arbre plein de douceurs qui te permettra d'attendre Noël sans trop d'impatience.

En attendant Noël

Un arbre de Noël décoré de boules de toutes les couleurs, c'est très beau. Mais si ces boules cachent des mots doux, un pour chaque jour de décembre, c'est encore mieux. Voici une merveilleuse façon de te mettre dans l'ambiance du temps des fêtes.

Matériel

- un modèle de boule de Noël
- du carton de couleur
- de la colle
- un crayon à mine
- des ciseaux

Pour faire la boule

1. Découpe le modèle de boule qu'on te fournira.
2. Trace son contour sur un carton de couleur et découpe ta boule.

Pour faire la languette

1. Sur un carton d'une autre couleur, trace une languette d'environ 3 cm sur 10 cm.
2. Colle la languette sur un des côtés de la boule. Découpe les bouts qui dépassent.
3. Copie sur la languette le message doux ou le poème que tu as composé.
4. Sur l'autre côté de la boule, écris le numéro que ton enseignante ou ton enseignant t'a attribué.
5. Avec une punaise, fixe ta boule sur le grand sapin affiché au babillard.

Chaque jour du mois, on ouvrira une des boules du sapin et on lira une de ces petites douceurs de décembre.

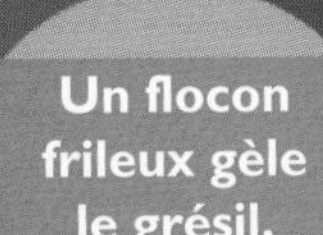
Un flocon
frileux gèle
le grésil.

14

- As-tu réussi à faire ta boule de Noël ?
- Le message que tu as écrit va-t-il surprendre tes amis, les amuser ?

Des rubis pour la reine

Pendant trois jours et trois nuits, les nains travaillèrent sans relâche à extraire des rubis. Ils mirent tant d'ardeur au travail que deux jours avant le bal, le collier de Blanche-Neige était presque terminé. Joyeux, qui avait fabriqué une délicate monture d'argent, achevait d'y incruster l'avant-dernière pierre. Mais en observant le résultat de son travail, il déclara soudain :

— Il me faudrait une pierre plus grosse pour mettre au centre du collier.

Assis autour de la table, les autres, épuisés par l'effort, regardèrent Joyeux d'un air incrédule.

Grognon : Crois-tu donc qu'elles poussent comme des champignons, ces pierres rouges ? Le bal est pour demain soir. Tu n'as qu'à faire un collier plus petit, c'est tout !

Dormeur : Grognon a raison. D'ailleurs, je tombe de sommeil.

Prof : Pour une fois, je suis d'accord avec Grognon et Dormeur. Et puis, qui dit que nous allons la trouver, cette fameuse grosse pierre ?

Timide : Mais... ne croyez-vous pas que pour notre reine bien-aimée, cela vaut la peine d'essayer ?

Simplet : Moi, je sais où la trouver ! Il y a encore une galerie profonde que nous n'avons pas explorée...

Les nains prirent donc encore une fois le chemin de la mine. Guidés par Simplet, ils descendirent plus profondément, traversant de nombreuses galeries obscures et humides. Parvenus à l'endroit indiqué, ils se mirent à creuser. Mais, malgré tous leurs efforts, ils durent retourner chez eux bredouilles, sans le gros rubis qu'ils cherchaient.

Le lendemain, veille de la grande fête de Noël, les nains obstinés retournèrent dans la galerie profonde pour une dernière tentative. Cette fois ils furent plus chanceux. En effet, Dormeur, qui promenait sa lanterne près de la paroi, fut ébloui par un éclat vif, d'une intensité inhabituelle.

— Par ici ! cria-t-il aux autres. Il y a là un rubis aussi gros qu'un œuf !

— Comme un œuf, dis-tu ? Mais c'est encore mieux que ce que j'espérais, s'exclama Joyeux. Vite ! Il me faut ce joyau !

Les sept nains s'attaquèrent aussitôt à la paroi qui contenait ce trésor. Soudain, ils entendirent un grondement sourd qui semblait provenir des profondeurs de la terre. Le sol trembla sous leurs pieds.

— Attention ! cria Prof. Un éboulement !

Les nains se couchèrent contre la paroi pour se mettre à l'abri des pierres qui commençaient à tomber au milieu de la galerie.

La secousse n'avait duré que quelques secondes, mais elle avait causé d'importants dégâts dans la mine.

(*À suivre*)

Alerte au pronom **vous**

Observe bien les verbes suivants, Nespa :

vous jouez *vous croyez* *vous dites*
vous aimez *vous faites* *vous êtes*

Que remarques-tu ?

Quand le verbe finit par le son **é**, on écrit **ez**.
Quand le verbe finit par un autre son, la finale est **s**.

Très juste. Prends le temps de te mettre ce tableau dans la tête :

J'entends **é**, j'écris **ez**.	Je n'entends pas **é**, j'écris **s**.
vous jou**ez**	vous dite**s**

« m » ou « n » ?

Observe bien les mots suivants, Nespa :

lampe *pompier*
pamplemousse *bombe*
jambe *jambon*
comprendre *bonbon*

Que remarques-tu ?

Devant **b** et **p**, il faut la plupart du temps écrire la lettre **m**.

Tu voudrais faire un beau cadeau à une personne que tu aimes, mais tu n'as pas d'argent ? Voici une bonne suggestion pour toi !

Un bas de Noël

Que dirais-tu d'offrir des billets-cadeaux dans un joli bas de Noël ? Ces cadeaux ne te coûteront pas un sou et ils feront sûrement plaisir aux personnes que tu aimes. Laisse aller ton imagination pour trouver de bonnes idées.

Pour faire les billets-cadeaux

1. Prends une feuille blanche de 21,5 cm sur 28 cm. Plie-la en deux dans le sens de la largeur. Plie-la de nouveau en deux, toujours dans le sens de la largeur, pour faire quatre sections.
2. Avec une règle, trace des pointillés sur chaque ligne de pliure. Passe ton ongle plusieurs fois sur les pliures pour que les billets se détachent bien.
3. Sur chaque section, écris le service que tu veux offrir. Fais un dessin pour l'illustrer. Par exemple : Bon pour vider le lave-vaisselle.

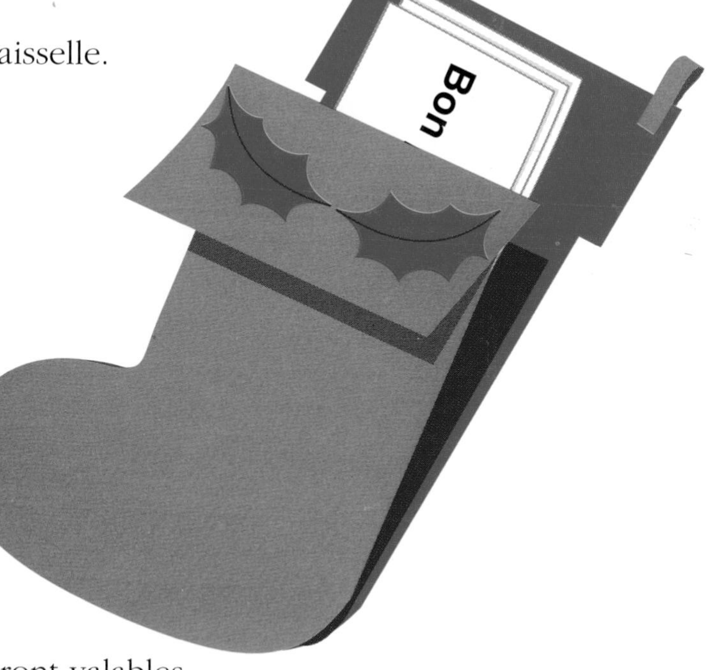

Pour faire le bas de Noël

1. Découpe le modèle. Trace-le deux fois sur des cartons de couleur.
2. Découpe les deux bas.
3. Replie la partie du haut d'un des bas.
4. Applique soigneusement de la colle sur les contours des deux bas. Colle-les l'un sur l'autre.
5. Glisse les billets-cadeaux dans le bas de Noël.
6. Sur le bas, écris « billets-cadeaux ». Précise jusqu'à quelle date les billets seront valables.

La personne à qui tu as offert ton bas de Noël n'aura qu'à détacher les billets et à te les remettre pour obtenir ses cadeaux. Toi, tu devras bien sûr rendre aussitôt le service promis, et avec le sourire. Autrement, ce ne serait pas un vrai cadeau !

- Parmi les services que tu as offerts, lequel te sera le plus difficile à rendre ? Lequel te sera le plus facile à rendre ?

On te propose une façon de confectionner une carte originale.
Lis bien les consignes.

Une carte de Noël

Voici une façon originale d'offrir des vœux de Noël à des personnes que tu aimes.

Matériel

- une feuille de papier de 10,5 cm sur 14 cm
- un carton de couleur de 21,5 cm sur 28 cm
- des crayons-feutres
- une paire de ciseaux
- de la colle

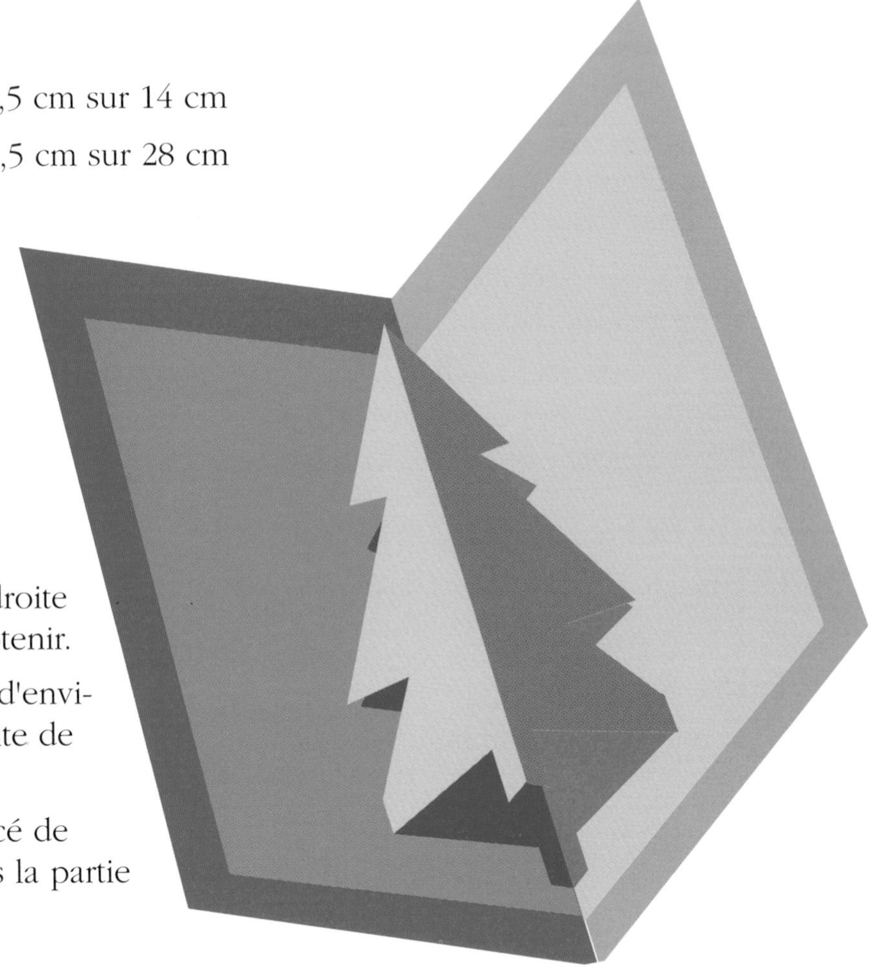

Réalisation

1. Plie la feuille de papier en deux dans le sens de la largeur.
2. Trace à la main la moitié droite du motif que tu désires obtenir.
3. Trace une ligne pointillée d'environ 2 cm à l'extrémité droite de ton dessin.
4. Découpe en suivant le tracé de ton motif. Ne découpe pas la partie pointillée.
5. Décore ton motif.
6. Plie le carton en deux dans le sens de la largeur.
7. Colle ta feuille dans ta carte.
8. En refermant ta carte, mets ton motif en relief.

La personne qui ouvrira ta carte aura la surprise d'y voir s'épanouir un beau motif !

- As-tu réussi ton bricolage ?
- Quelle étape du bricolage as-tu trouvée la plus difficile ?
- As-tu des idées pour adapter ce type de carte à une autre occasion ?

Le sauvetage des nains

Plongés dans une obscurité totale, les nains s'interpellaient les uns les autres pour s'assurer que tous étaient bien sains et saufs.

— Malheur de malheur ! nous sommes bien avancés, ronchonna Grognon en rallumant sa lanterne. La sortie est bloquée. Ça va nous prendre des jours avant d'arriver à nous frayer un chemin à travers ces tonnes de roches ! Et encore ! Peut-être même n'y arriverons-nous jamais !

Dans leur prison souterraine, les nains demeurèrent un moment silencieux. Chacun savait que Grognon avait raison. Non seulement allaient-ils rater le bal de Noël, mais pire encore... Cette galerie deviendrait peut-être leur tombeau...

Alors les nains commencèrent courageusement à déloger les immenses blocs qui leur barraient la route.

Au château, Blanche-Neige commençait à s'inquiéter. Minuit approchait et ses chers nains n'étaient toujours pas arrivés. Elle appela son messager préféré.

— Mon bel oiseau, va vite voir ce que deviennent les sept nains et rapporte-moi des nouvelles.

Aussitôt, le fidèle messager prit son envol en direction de la forêt des nains. Quelques heures plus tard, il revint au château avec des nouvelles effrayantes.

— Ma Reine ! souffla le messager. Un grand malheur est arrivé ! Les animaux de la forêt racontent qu'un terrible éboulement s'est produit. Les nains sont emprisonnés dans la mine.

— Mais c'est épouvantable ! s'écria Blanche-Neige. Il faut aller les secourir et vite !

La reine mit tout le monde au courant de la catastrophe. La cour au complet se transporta sur les lieux de l'accident afin de porter secours aux malheureux nains.

Pendant ce temps, les valeureux nains continuaient d'enlever les pierres une par une. Mais bientôt une rumeur, un bruit nouveau parvint jusqu'à eux.

— Oh non ! s'écria Atchoum. Encore un éboulement ! Cette fois, c'est la fin !

Ce dernier éboulement fut encore plus terrible que le premier. Cette fois, Grincheux et Simplet ne répondirent pas à l'appel des survivants.

Dans la mine redevenue silencieuse, les nains anxieux entendirent soudain la douce et lointaine voix de Blanche-Neige.

— N'ayez aucune inquiétude, mes chers nains. On s'occupe de vous sauver.

La nuit de Noël était déjà bien avancée lorsque les nains se retrouvèrent enfin dehors. Tout le monde s'était rassemblé autour des corps inertes de Simplet et de Grincheux.

Les larmes aux yeux, Blanche-Neige leur dit :

— Je pouvais fort bien me passer de bijoux, mais pas de vous ! Voilà bien le Noël le plus triste de ma vie.

Croyez-le ou non, l'histoire s'est pourtant bien terminée. Est-ce que de bonnes fées sont intervenues ? Est-ce la magie des tisanes de la forêt que les animaux ont apportées chaque jour à la maison des nains ? Est-ce parce que des personnages de contes ne peuvent pas mourir ?

Les nains, eux, disent que Simplet et Grognon doivent leur guérison aux soins constants que leur a donnés Blanche-Neige pendant des semaines. Simplet s'est assez vite rétabli de ses graves blessures. Grognon, lui, a eu une convalescence beaucoup plus longue. Il a eu pendant ce temps encore plus mauvais caractère que d'habitude. Les nains pensent que s'il a tant grogné, c'était pour avoir pour lui seul toute l'attention de Blanche-Neige.

Un mois plus tard, la reine put revenir au château, enfin soulagée. Son long séjour chez les nains lui avait rappelé les beaux souvenirs de sa vie de jeune fille. En quittant ses amis, elle leur fit promettre de ne plus jamais lui donner d'autre cadeau que leur amitié.

- Est-ce que les nains ont eu raison de vouloir donner un si beau cadeau à la reine ?
- Quelle partie de l'histoire as-tu aimée le plus ? Pourquoi ?
- Observe les finales des verbes avec **vous**. Que remarques-tu ?

Lorsque je ne comprends pas ce que je lis...

1

Les **rubis** ! Mais bien sûr !
Rubis ???
Ah ! Je sais quoi faire !

Qu'est-ce qu'elle a pu faire pour comprendre ?

2

Joyeux, qui avait fabriqué une délicate monture d'argent, achevait d'y incruster l'avant-dernière pierre. Mais en observant le résultat de son travail, il déclara...
Ouf ! Comme cette phrase est longue... je ne comprends pas bien... Attends...
Ah ! Je sais quoi faire !

Qu'est-ce qu'elle a pu faire pour comprendre ?

3

... achevait d'**y** incruster...
J'ai encore des difficultés à comprendre cette phrase : ... achevait d'y incruster... Que peut bien vouloir dire le **y** ???
Ah ! Je sais quoi faire !

Qu'est-ce qu'elle a pu faire pour comprendre ?

4

Grognon a raison. **D'ailleurs**, je tombe de sommeil.
D'ailleurs ???
Ah ! Je sais quoi faire !

Qu'est-ce qu'elle a pu faire pour comprendre ?

5

Qu'est-ce qu'elle a pu faire pour comprendre ?

Voici une chanson sur l'hiver composée par Gilles Vigneault, notre grand poète. Lis-la. Tu pourras ensuite la chanter.

Mon pays

Mon pays ce n'est pas un pays c'est l'hiver
Mon jardin ce n'est pas un jardin
c'est la plaine
Mon chemin ce n'est pas un chemin
c'est la neige
Mon pays ce n'est pas un pays c'est l'hiver

Dans la blanche cérémonie
Où la neige au vent se marie
Dans ce pays de poudrerie
Mon père a fait bâtir maison
Et je m'en vais être fidèle
À sa manière à son modèle
La chambre d'amis sera telle
Qu'on viendra des autres saisons
Pour se bâtir à côté d'elle

Mon pays ce n'est pas un pays c'est l'hiver
Mon refrain ce n'est pas un refrain
c'est rafale
Ma maison ce n'est pas ma maison
c'est froidure
Mon pays ce n'est pas un pays c'est l'hiver

De mon grand pays solitaire
Je crie avant que de me taire
À tous les hommes de la terre
Ma maison c'est votre maison
Entre mes quatre murs de glace
Je mets mon temps et mon espace
À préparer le feu la place
Pour les humains de l'horizon
Et les humains sont de ma race

Mon pays ce n'est pas un pays c'est l'hiver
Mon jardin ce n'est pas un jardin
c'est la plaine
Mon chemin ce n'est pas un chemin
c'est la neige
Mon pays ce n'est pas un pays c'est l'hiver

Mon pays ce n'est pas un pays c'est l'envers
D'un pays qui n'était ni pays ni patrie
Ma chanson ce n'est pas ma chanson c'est
ma vie
C'est pour toi que je veux posséder
mes hivers...

Gilles Vigneault

(*Le grand cerf-volant*, Nouvelles Éditions de l'Arc, 1988.)

- D'après toi, pourquoi Vigneault dit-il que son pays, c'est l'hiver ?
- Relève les mots du poème qui se rapportent à l'hiver.

Voici des poèmes remplis d'images et de sons.
Efforce-toi de les voir et de les entendre.

Chanson pour les enfants l'hiver

Dans la nuit de l'hiver
galope un grand homme blanc
galope un grand homme blanc
C'est un bonhomme de neige
avec une pipe en bois
un grand bonhomme de neige
poursuivi par le froid
Il arrive au village
il arrive au village
voyant de la lumière
le voilà rassuré
Dans une petite maison
il entre sans frapper
Dans une petite maison
il entre sans frapper
et pour se réchauffer
et pour se réchauffer
s'assoit sur le poêle rouge
et d'un coup disparaît
ne laissant que sa pipe
au milieu d'une flaque d'eau
ne laissant que sa pipe
et puis son vieux chapeau…

Jacques PRÉVERT

(*Histoires*, © Éditions Gallimard.)

L'hiver est musique

Ouat ouat ouat s'abattait la neige
Zoup zoup zoup fit le chasse-neige
Flan flan flan faisait la fenêtre
Bim bam boum hurlait la tempête

Clac cloc cluc criait la chaussure
Flic flac floc résonnaient les flaques
Pif paf pof gémissaient les claques
Bof bof bof vibrait la toiture

Ra ra ra souffla le vent sourd
Mou mou mou fit la galerie
Flif flof fluf dit la poudrerie
Ma ma ma pleura mon cœur lourd.

Louis-Paul BÉGUIN

(Tiré de *Poèmes et pastiches*, © Éditions Janus, Montréal.)

- Quelles images ont surgi dans ta tête en lisant ces poèmes ? Dessine une de ces images.
- Est-ce que tu aimes les répétitions dans le poème de Jacques Prévert ? Est-ce que tu aimes les sons dans le poème de Louis-Paul Béguin ? Quel poème préfères-tu ?

QUELQUES
CONSEILS

Alerte au pronom **nous**

L'accord du verbe avec le pronom **nous** est très simple, Nespa. Observe ces finales :

Youppi ! C'est facile.

nous sommes	*nous aimions*
nous jouons	*nous parlerions*

Dans presque tous les cas, la finale est en **ons**.
Et, dans tous les cas, le verbe se termine par un **s**.

J'écris, tu écris...

Raconte une journée d'hiver où tu as eu beaucoup de plaisir à jouer avec des amis.

Réfléchis à ton texte.

- Avec qui étais-tu ?
- À quel jeu avez-vous joué ? À quel endroit ?
- Comment te sentais-tu ?
- Comment le jeu s'est-il terminé ?

Mets tes idées en mots.

- Mets tes idées en ordre. Forme des phrases complètes.

Relis, vérifie et corrige ton texte.

- Demande à un ami ou à une amie de lire ton brouillon. Fais bien attention aux verbes conjugués avec **nous**.

Finalise ton texte.

- Récris ton texte au propre.

Sais-tu comment les jeunes comme toi vivaient il y a cent ans, quand il n'y avait pas d'autos ni d'électricité ? On te raconte ici la vie d'Henri, un garçon de la ville, et d'Henriette, une fille de la campagne. Tu pourras comparer leur façon de vivre à la tienne.

Une journée d'hiver d'un enfant à la ville

En hiver, je me lève avec le soleil. Papa est déjà parti travailler à la manufacture de chaussures. Pour le déjeuner, maman nous a préparé du gruau d'avoine.

À huit heures trente, je me prépare pour l'école. Je m'habille chaudement et je pars à pied. L'école est à deux rues de la maison.

Archives nationales du Québec

Archives nationales du Québec

Dans le quartier, il y a une école de filles où enseignent des religieuses et une école de garçons, dirigée par des religieux. Ma salle de classe est chauffée avec des calorifères. Il y a un grand tableau à l'avant. Le frère Lucien, notre enseignant, nous apprend à lire, à écrire et à compter.

À midi, je retourne à la maison avec mes frères et mes sœurs. Maman nous a préparé un repas chaud. Nous n'avons pas le temps de flâner, parce que l'école recommence à une heure.

À quatre heures, la cloche sonne la fin des classes. Je reviens vite à la maison. En chemin, je flatte un chien qui passe, je m'approche du cheval du boulanger, je regarde les vitrines des magasins du coin.

À la maison, je vais jouer avec les amis dans la cour ou dans la ruelle. Avec un morceau de carton ou de linoléum, nous glissons sur la glissoire que papa nous a faite.

Maman nous appelle. C'est l'heure des devoirs et des leçons. Nous écrivons dans notre cahier de devoirs les réponses aux questions du maître ou de la maîtresse. Nous récitons à voix haute des réponses qu'il faut apprendre par cœur.

Papa arrive de la manufacture. Toute la famille se réunit autour de la table pour souper. Au menu, ce soir, il y a de la soupe au chou, du boudin et des pommes de terre. Et pour dessert, de la bonne tarte au sucre !

Après le souper, nous jouons aux dominos ou nous faisons un château de cartes sur la table de la cuisine.

C'est maintenant l'heure d'aller dormir. Demain matin, nous nous lèverons avec le soleil. Le laitier sera déjà passé avec son cheval et sa voiture. Il aura laissé sur le pas de notre porte quatre bouteilles de lait.

Henri

Archives nationales du Québec

Une journée d'hiver d'une enfant à la campagne

Même l'hiver, je me lève de bonne heure. Je vais à l'étable avec maman. Il fait encore nuit. Nous nous éclairons avec un fanal. Nous donnons du foin aux vaches, du grain aux poules. Assises sur un petit banc, nous trayons les vaches.

Archives nationales du Québec

Puis c'est l'heure du déjeuner. Je mange du pain, du beurre, un œuf et des fèves au lard. À huit heures, nous partons pour l'école. Comme l'école est loin, papa nous y amène, dans un traîneau tiré par un cheval.

Mon école est petite. Elle comprend une seule salle de classe. Tous les écoliers, de la première année à la sixième, y travaillent ensemble. Il y a un grand tableau à l'avant et un poêle à bois en plein centre de la pièce. Autour, nous avons mis à sécher les mitaines de laine et les bottes. Avec mademoiselle Corriveau, notre enseignante, nous apprenons à lire, à écrire et à compter.

Archives publiques du Canada

Archives nationales du Québec

À cinq heures, je retourne à l'étable pour nourrir les bêtes et remplacer la paille sur laquelle dorment les vaches. J'aide aussi papa à rapporter à la maison de nouvelles bûches prises dans le hangar à bois.

Après le souper, on enlève tout ce qui traîne sur la table. Avec maman, on fait les devoirs et les leçons. C'est l'heure d'écrire dans le cahier de devoirs les réponses aux questions du maître ou de la maîtresse, de réciter à voix haute des réponses par cœur.

Mais, bientôt, il faut se mettre au lit. Demain matin, il faudra aller à l'étable avec maman s'occuper des animaux.

Henriette

À midi, je mange le petit repas que maman a préparé ce matin, puis je vais jouer dehors. L'école finit à quatre heures. Je retourne à la maison avec papa dans le traîneau à cheval.

À la maison, je change de mitaines et je sors jouer dehors avec mes frères et mes sœurs. Quand le temps est doux, nous nous lançons des balles de neige ou nous faisons un bonhomme. Si le temps est plus froid, nous construisons un fortin ou nous creusons un long tunnel. On va aussi glisser en toboggan ou avec un morceau de carton dans la côte devant la maison.

Archives nationales du Québec

- Qu'est-ce qui différencie ta vie quotidienne de celles d'Henri et d'Henriette ?
- Travaille avec un ami ou une amie. Dites ce que vous avez retenu de la journée des deux enfants.
- Relevez les ressemblances et les différences entre la vie d'Henri et celle d'Henriette.
- Observe les finales des verbes employés avec **nous**. Que remarques-tu ?

Voici des expériences qui te feront découvrir des choses étonnantes sur la glace. Rappelle-toi mes conseils pour mieux lire des consignes.

Expériences avec la glace

Sel sur glace

Matériel

- des glaçons
- du sel de table

Réalisation

Saupoudre du sel sur des glaçons. Observe-les pendant environ 5 minutes. Que remarques-tu ?

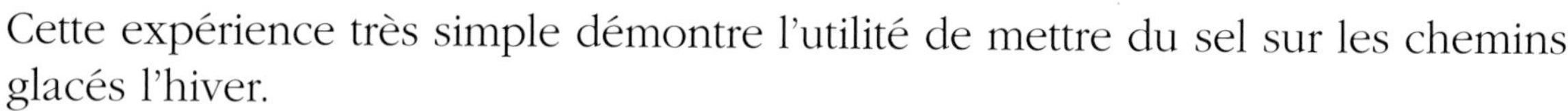

Cette expérience très simple démontre l'utilité de mettre du sel sur les chemins glacés l'hiver.

Le passage de l'eau solide (glace) au liquide s'appelle le **point de fusion** de l'eau. Normalement, le point de fusion de l'eau se produit à 0°C. Le sel permet d'abaisser ce point de fusion. Le sel permet donc de faire fondre la glace à une température plus basse que 0°C.

Odile Martinez

Odile Martinez

Odile Martinez

Patiner sur l'eau

Matériel

- un glaçon
- un fil de métal (le plus mince possible)
- deux gros écrous de même grosseur
- une bouteille

Réalisation

1. À chaque extrémité du fil de fer, attache un écrou.
2. Mets le glaçon sur le goulot de la bouteille.
3. Dépose le fil de métal sur le glaçon.

Tu observeras que le fil de fer fait peu à peu un sillon dans le glaçon. C'est parce que la **pression** exercée par le fil de métal abaisse aussi le point de fusion de l'eau. Lorsque le fil se sera introduit jusqu'au milieu du glaçon, tu verras que la glace au-dessus se sera reformée. Pourquoi ? Tout simplement parce qu'il n'y a plus la pression du fil de métal.

Le même phénomène se produit quand tu patines. La lame de ton patin exerce une pression sur la glace. Elle la fait fondre, tout comme le fil de métal le fait avec le glaçon. Ainsi, tu glisses sur une mince couche d'eau fondue, et non sur la glace.

Odile Martinez

Odile Martinez

Odile Martinez

Iceberg miniature

Matériel

- un glaçon
- un verre de plastique transparent rempli d'eau
- du colorant alimentaire (facultatif)

Réalisation

1. Mets le glaçon dans le verre d'eau. Tu remarques que la glace n'est pas complètement immergée dans l'eau. Elle flotte et une partie du glaçon est hors de l'eau.
2. Marque le niveau d'eau sur le verre avec un crayon-feutre.

Crois-tu que le niveau de l'eau aura augmenté lorsque la glace aura complètement fondu ? Non. Il demeurera le même, car l'eau est plus **dense** que la glace. Autrement dit, l'eau est plus lourde que la glace.

Parce que l'eau est plus dense que la glace, elle prend moins d'espace. En veux-tu une autre preuve ? Remplis d'eau un verre de plastique jusqu'au bord et mets-le au congélateur jusqu'à ce que l'eau gèle. C'est évident à présent : la glace dépasse le bord du verre. En gelant, l'eau occupe un plus grand volume. Elle est devenue moins dense que le liquide.

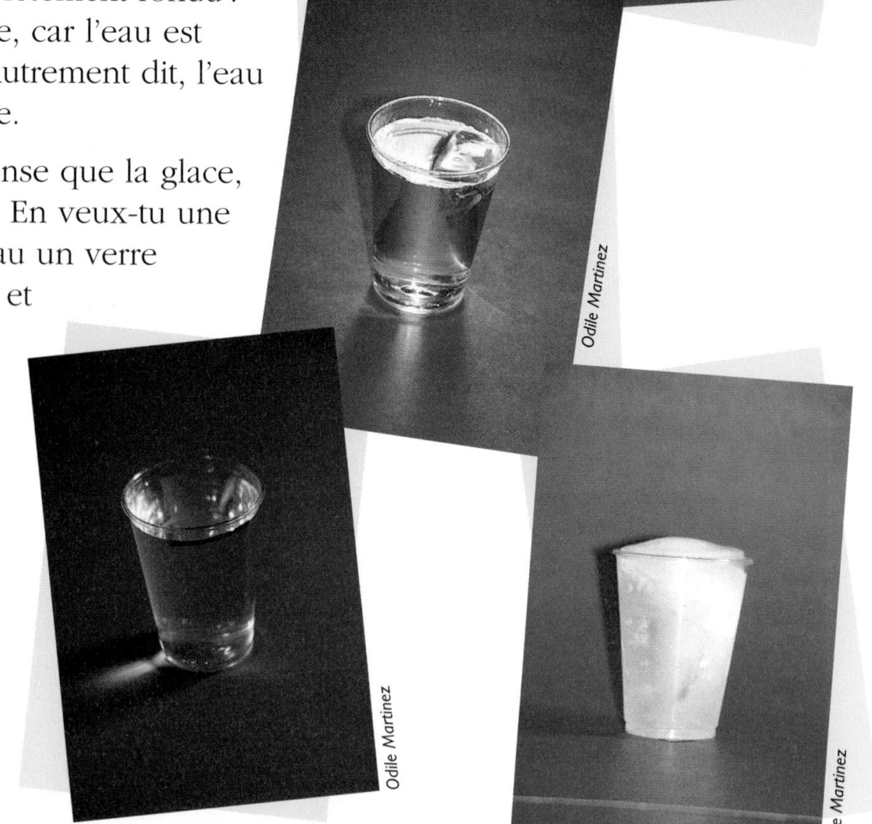

Odile Martinez

Odile Martinez

Odile Martinez

Odile Martinez

- Peux-tu maintenant expliquer ce qu'est le point de fusion de l'eau ?
- Dans les expériences, qu'est-ce qui permet d'abaisser ce point de fusion ?
- Aimerais-tu réaliser d'autres expériences avec de la glace ?

QUELQUES
CONSEILS

Faire des liens entre les phrases

Parfois, les auteurs n'emploient pas de mots de relation pour unir deux phrases ou deux parties de phrase. Tu dois alors trouver dans ta tête le mot de relation qui manque pour mieux comprendre le texte.

Observe :

Je suis tombé. J'ai glissé trop rapidement.

Qu'est-ce qui pourrait venir unir ces deux phrases ?

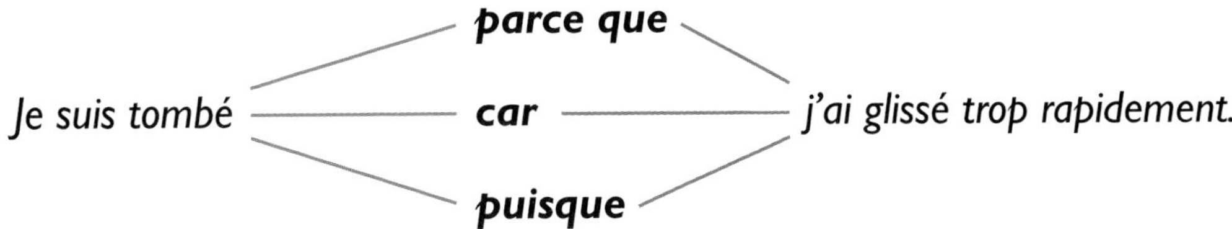
Je suis tombé
parce que
car
puisque
j'ai glissé trop rapidement.

Oui, avec un de ces trois mots, la phrase que j'ai créée a du sens. Je comprends mieux le lien entre les deux phrases.

QUELQUES
CONSEILS

Trouver le sujet du verbe

Pour trouver le sujet du verbe, pose la question « qui est-ce qui ? » ou « qu'est-ce qui ? » devant le verbe.

Qui est-ce qui glisse avec son chien ?

Josyane *glisse avec son chien.*
nom

Qu'est-ce qui glisse sur la glace ?

Mes patins *glissent sur la glace.*
groupe du nom

Qui est-ce qui descend la colline en toboggan ?

Nous *descendons la colline en toboggan.*
pronom

Il est important de trouver le sujet du verbe. Il nous dit comment accorder le verbe. Le sujet du verbe peut être un nom, un groupe du nom ou un pronom.

On m'a dit que ce conte célèbre était très touchant.
Lis-le avec moi pour vérifier si le prince est vraiment heureux.

Le Prince Heureux

La magnifique statue du Prince Heureux était pour tous les habitants de la ville un exemple de beauté et de pureté. Elle faisait la fierté des plus riches et mettait un peu d'espoir dans la vie des plus pauvres.

Il avait en effet belle allure, le prince. Installé sur sa haute colonne, il était tout recouvert d'or. Il avait deux saphirs à la place des yeux et une longue épée ornée d'un rubis éclatant.

Près de la ville, une petite hirondelle s'était attardée malgré la saison qui avançait. Toutes les autres hirondelles avaient déjà émigré vers des régions plus chaudes.

— Je vous rejoindrai, leur avait dit la petite hirondelle, pour l'instant l'amour me retient ici...

Mais bientôt le temps devint trop froid. L'hirondelle dut se résoudre à laisser derrière elle son amour impossible. Elle décida d'aller passer sa dernière nuit à la ville. La statue du Prince Heureux lui parut un abri de rêve. L'oiseau se blottit contre les chevilles du prince, comme dans une chambre tapissée d'or.

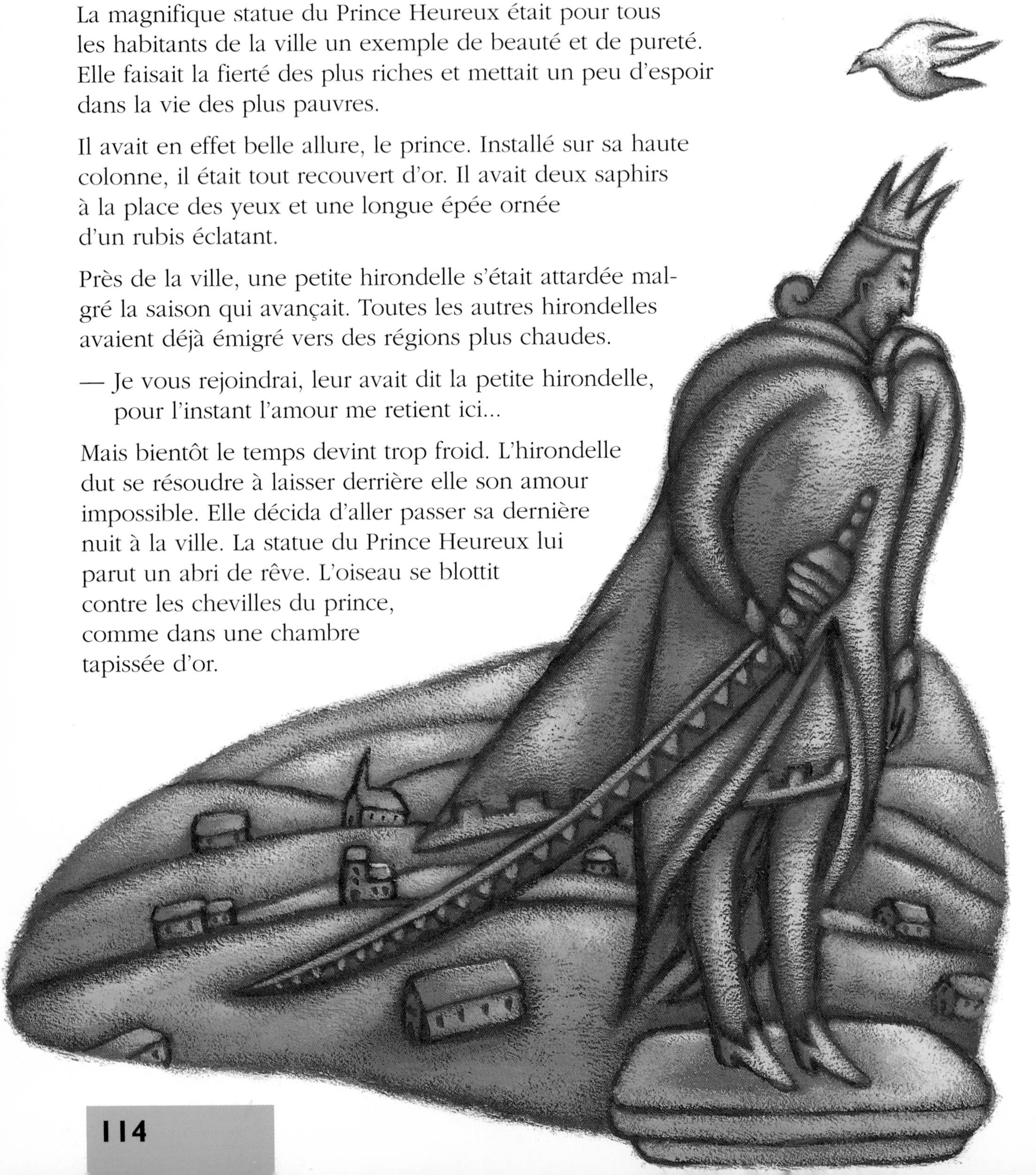

Soudain, l'hirondelle entendit un long soupir, puis un sanglot. Une larme glissa sur ses plumes, une larme échappée des yeux de saphir de la statue. Sur le beau visage doré du Prince Heureux, l'hirondelle vit une grande tristesse.

— Toi qu'on appelle le Prince Heureux, tu pleures ? dit l'hirondelle à la statue. Tu portes bien mal ton nom !

— Ce nom me vient du temps où j'étais un homme vivant, fait de chair et d'os. Il m'allait alors aussi bien que mes habits. Je n'avais aucune idée de la souffrance humaine. On m'aimait. On m'admirait. Ma vie était une suite d'amusements, de bals et de festins. J'ignorais qu'en dehors de mon palais, des gens vivaient dans la misère...

— Aujourd'hui, tu es toujours le plus élégant des princes. Tu ne souffres ni du froid ni de la faim. Tu domines la région et tout le monde te respecte, n'est-il pas vrai ?

— Hirondelle, je ne pleure pas sur mon sort, mais sur celui de ceux qui souffrent. Du haut de mon perchoir, je vois maintenant la pauvreté que je ne voyais pas de mon vivant...

À travers les larmes qui couvraient la figure du prince, l'oiseau perçut une lueur d'espoir. D'une voix tremblante, le prince formula son souhait le plus cher :

— Hirondelle, je t'en prie, soulage mon cœur ! Ce rubis qui orne mon épée ne m'est guère utile. Mais il aiderait tant cette famille qui n'a plus rien à manger et ce pauvre enfant gravement malade. Va vite leur porter cette pierre précieuse, je t'en supplie !

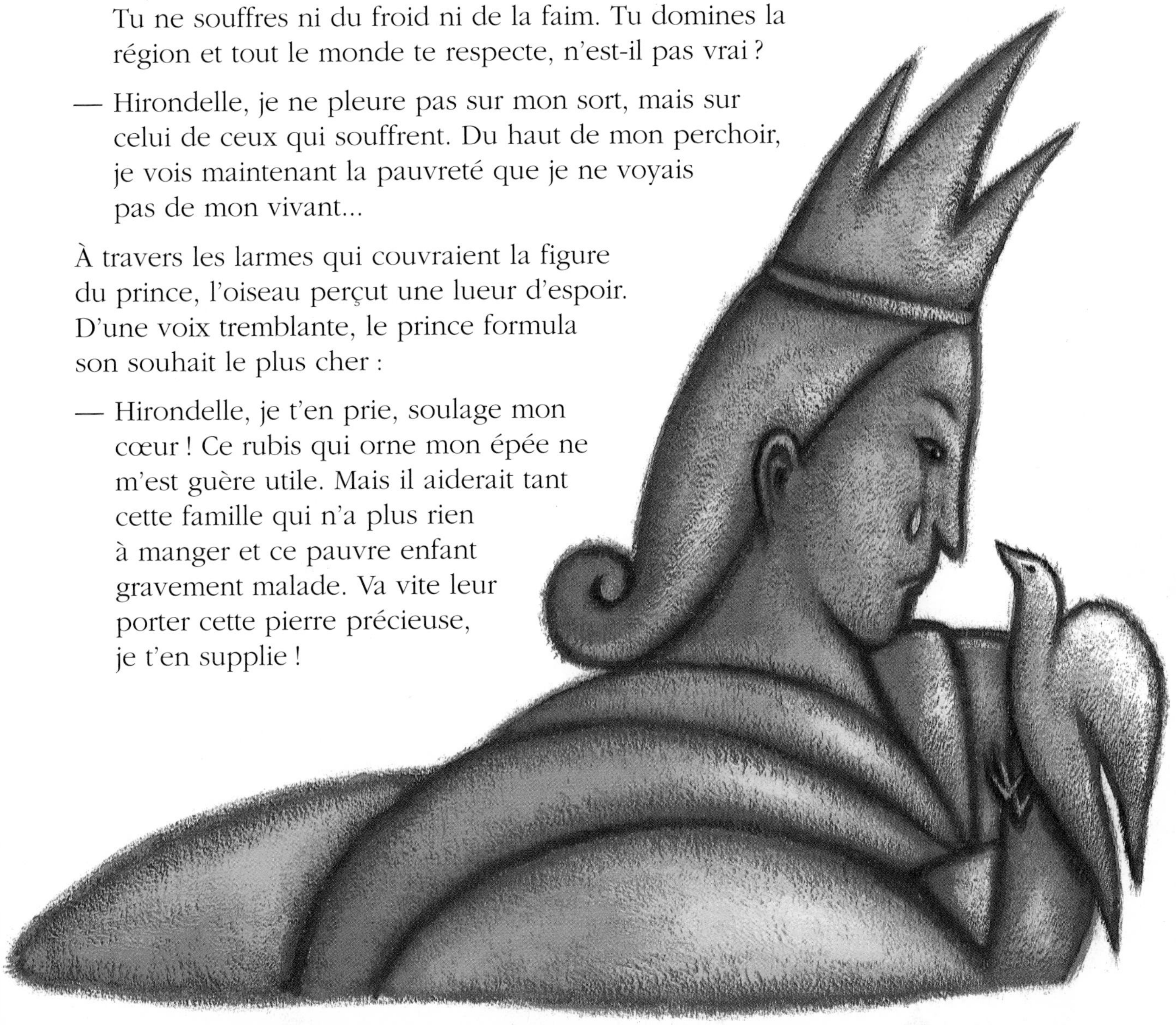

L'hirondelle hésitait. « Cela me retardera, pensait-elle. L'aventure et les pays chauds m'appellent. » Mais elle se plia à la demande du prince, espérant ainsi lui faire retrouver sa joie. Le rubis dans le bec, elle survola la ville jusqu'à la petite maison des pauvres gens. Pendant son vol, l'hirondelle s'aperçut qu'elle était devenue elle-même plus sensible à la misère des gens. Elle voyait que certaines personnes vivaient dans la richesse, alors que d'autres grelottaient et souffraient de la faim.

— Prince, dit l'oiseau à son retour, je n'ai plus froid. En donnant votre rubis aux pauvres, j'ai senti une belle chaleur m'envahir.

— Je vois que tu as bon cœur, petit oiseau. Aussi, je te demande d'apporter le saphir d'un de mes yeux à ce jeune artiste dont les doigts s'engourdissent de froid. Avec l'argent qu'il retirera de la vente de cette pierre, il se chauffera et pourra ainsi terminer son œuvre.

— C'est bon, se dit l'hirondelle. Cette bonne action ne me retardera pas beaucoup. Il ne restera plus qu'un œil au prince. Il ne s'en défera sûrement pas !

L'hirondelle se trompait, car le prince sacrifia aussi son autre œil. Il donna également toutes les feuilles d'or qui le recouvraient de la tête aux pieds. Le Prince Heureux et l'hirondelle avaient ainsi rendu beaucoup de familles heureuses.

À présent, le prince n'était plus fait que de vieux bois. Et l'hirondelle, qui ne voulait plus quitter son ami, commençait à souffrir terriblement du froid. Quand les gens se rendirent compte du piètre état de la statue, ils décidèrent de la démolir. L'hirondelle faillit en mourir de chagrin. Cette nuit-là, elle fit un rêve. Le Prince Heureux s'était remis sur pied et lui avait soufflé à l'oreille :

— Hirondelle, trouve un moyen de donner le bois dont je suis fait. Il pourra chauffer une famille pendant tout l'hiver. Ainsi, je serai pour une dernière fois le Prince Heureux...

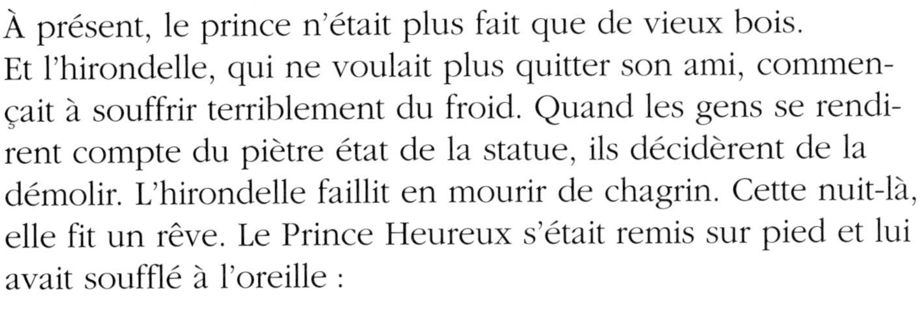

Au matin, l'hirondelle voleta autour des trois enfants les plus pauvres de la ville. Elle les attira vers les débris de la statue, qu'ils se hâtèrent d'apporter à la maison, morceau par morceau. Les parents des enfants pleuraient de joie. La famille était sauvée !

L'hirondelle ne quitta plus jamais cette famille. Tous ensemble, ils vécurent heureux... comme des princes.

(Adaptation d'un conte d'Oscar Wilde)

- Quels passages du conte as-tu trouvés les plus émouvants ? Pourquoi ?
- Comment le prince et l'oiseau s'y sont-ils pris pour répandre la joie autour d'eux ? Donne des exemples.
- Relève dix verbes conjugués dans le conte et trouve leur sujet.

- Tes amis et toi, formez une équipe de quatre personnes. Travaillez ensuite deux à deux. Un intervieweur ou une intervieweuse doit poser de bonnes questions pour rassembler le plus d'informations possible sur un souvenir heureux que son coéquipier ou sa coéquipière a vécu.
- Vous revenez ensuite en équipe de quatre. Les deux personnes qui ont interviewé racontent aux autres ce qu'elles ont compris du souvenir qui leur a été raconté. Les personnes interviewées ne peuvent pas intervenir pendant qu'on raconte leur souvenir. Pour apporter des corrections ou des précisions, elles doivent attendre la fin du récit.
- Retournez ensuite deux à deux et faites la même chose en inversant les rôles. Ensuite, revenez en équipe de quatre pour raconter de nouveaux souvenirs.

QUELQUES CONSEILS

Les verbes **être** et **avoir**

- Les verbes **être** et **avoir** sont tellement courants qu'il est important d'apprendre à les écrire correctement.

Observe :

*Je **suis** contente.*	*J'**ai** huit ans.*
*Tu **es** heureux.*	*Tu **as** une sœur.*
*Elle **est** guérie.*	*Elle **a** mal à la tête.*
*Nous **sommes** enchantés.*	*Nous **avons** un téléviseur.*
*Vous **êtes** des amies.*	*Vous **avez** les cheveux noirs.*
*Ils **sont** polis.*	*Ils **ont** du charme.*

Lis ces textes qui parlent de quatre animaux qui vivent au froid. Tu pourras ensuite les décrire et les comparer.

Les animaux du froid

Le caribou

Le caribou, c'est ce bel animal que tu vois sur les pièces de 25 cents. C'est un animal important du Nord canadien.

Le caribou appartient à la famille du cerf et de l'orignal. Cependant, chez le cerf et l'orignal, seul le mâle porte des bois sur la tête. Chez le caribou, c'est différent : la femelle porte des bois elle aussi.

Les caribous passent l'hiver dans les forêts d'épinettes et de sapins du nord du Canada. L'été, ils se promènent dans la **toundra**. La toundra, c'est un grand désert froid du nord de notre pays où il n'y a que des petites plantes et des roches. Les caribous se déplacent constamment pour trouver de nouvelles sources de nourriture. Ce sont des **herbivores** qui se nourrissent principalement de lichens, de mousses, d'herbes et de fruits. Ils peuvent aussi manger des racines, des écorces ou des feuilles d'arbres.

Le cerf de Virginie

Le caribou

L'orignal

Le pingouin

Le pingouin

Les gens se trompent souvent lorsqu'ils parlent des pingouins. Ils confondent les pingouins avec les manchots. Le manchot n'est pas un pingouin. Le pingouin, c'est un oiseau qui est gros comme une poule et qui plonge pour attraper des petits poissons. Le pingouin vole très bien, alors que le manchot ne vole pas du tout. Le pingouin est un oiseau du Nord, alors que le manchot est un oiseau du Sud.

Les pingouins vivent dans l'Arctique. C'est une région au nord du Canada où il fait toujours froid. Heureusement, les pingouins ont un plumage épais qui les garde au chaud. Ils pondent un seul œuf par année et les deux parents le couvent pour l'empêcher de geler.

Les pingouins nichent en colonies sur des falaises ou sur des îles au bord des côtes. Certaines colonies peuvent compter jusqu'à 50 000 oiseaux.

Le manchot

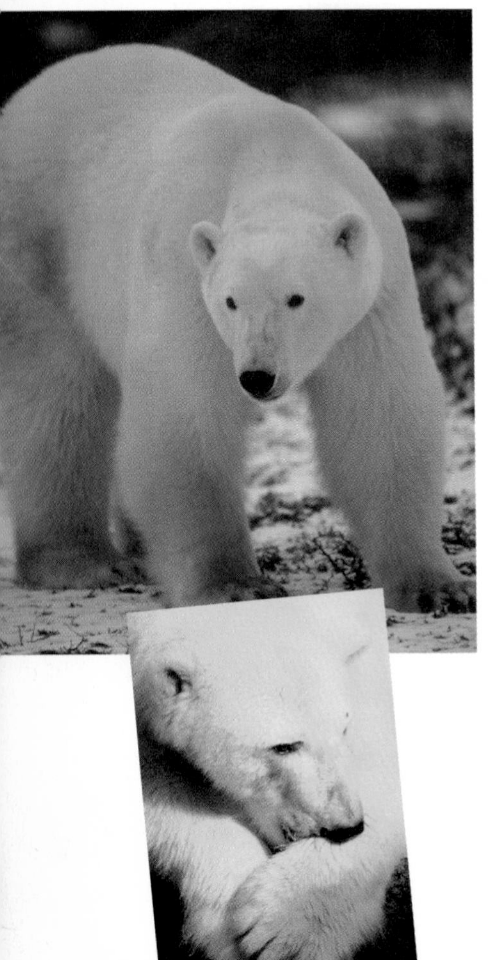

L'ours blanc

L'ours blanc est le plus grand des ours. C'est un des plus gros carnivores terrestres. On l'appelle aussi ours polaire.

L'ours blanc est à l'aise dans l'eau comme un poisson. Il peut nager pendant des heures sans s'arrêter. Cependant, les phoques nagent beaucoup plus vite que lui. Alors, pour les attraper, l'ours s'assoit près d'un trou dans la glace et il attend, parfois pendant des heures. Lorsqu'un phoque vient au trou pour respirer, l'ours blanc le capture. Autrefois, les Inuits chassaient le phoque de la même façon.

L'ours polaire aime beaucoup se promener sur les glaces flottantes, appelées **banquises**. L'été, il laisse les glaces et vient à terre. Il se nourrit alors de tout ce qu'il peut trouver : petits rongeurs, charognes d'animaux, oiseaux marins, plantes. Il se traîne lourdement quand le temps est doux. Il est si bien adapté au froid qu'il souffre de la chaleur de l'été arctique.

Le harfang des neiges

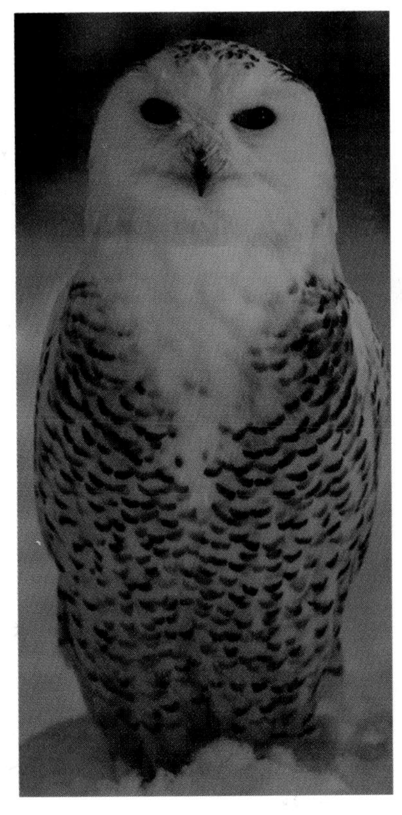

Le harfang des neiges est une sorte de grand hibou blanc. S'il a un plumage blanc, c'est pour mieux se camoufler dans la neige. Le harfang des neiges est l'**emblème** animal du Québec.

L'été, le harfang des neiges vit dans la toundra, comme le caribou. La femelle y fait son nid et pond de cinq à huit œufs. Contrairement aux autres espèces de hiboux, les harfangs chassent durant le jour. Ils attrapent surtout des **lemmings**, des petits rongeurs semblables aux rats. Ils mangent aussi des lièvres et des écureuils.

Lorsque l'hiver arrive, les harfangs s'envolent vers les régions plus au sud. Parfois, ils descendent même jusque dans les campagnes entourant Montréal. Si, un jour d'hiver, tu vois un grand hibou blanc, tu sauras que c'est un harfang des neiges.

- As-tu appris de nouvelles informations en lisant ce texte ?
- En quoi le harfang des neiges est-il différent des autres hiboux ? En quoi les pingouins sont-ils différents des manchots ?
- Maintenant que tu as terminé ta lecture, es-tu capable de donner le sens des mots suivants : toundra, herbivore, banquise, emblème, lemmings ?

QUELQUES CONSEILS

Écrire **s** ou **ss** ?

*Mes cou**ss**ins s'amusent sur des cou**s**ins.* Non ! ce n'est pas possible. *Mes cou**s**ins s'amusent sur des cou**ss**ins.*

Voici un conseil pour bien écrire **s** ou **ss** dans les mots :

Observe :

Pour entendre [s]	Pour entendre [z]
(Entre deux voyelles, mets **ss**.)	(Entre deux voyelles, mets **s**.)
poisson	poison
coussin	cousin

Jasmine est une écolière du futur. Elle décide de faire l'essai de la voiture familiale sans la permission de sa mère. Que va-t-il lui arriver ?

Mlle Jasmine et son chauffeur

Jasmine préparait son coup depuis longtemps. Elle a supplié sa mère cent fois : « Laisse-moi prendre l'auto ! » Mais Fadji, sa mère, ne voulait rien entendre.

Aujourd'hui, Fadji est au lit avec une bonne fièvre. Alors, Jasmine en profite. Elle a pris la clé de la voiture. Fadji, elle, n'a pas besoin de clé. L'auto obéit à sa voix.

Au garage, Jasmine glisse la clé dans la serrure. La portière glisse. Jasmine monte à bord et l'ordinateur de l'auto allume l'éclairage intérieur.

— Bonjour, Fadji.

L'ordinateur ignore encore qu'il a affaire à une écolière. Mais Jasmine sait bien qu'il reconnaîtra sa voix.

— Je ne suis pas Fadji. Je suis Jasmine. Allez, démarre.

— Je regrette, Jasmine. Il m'est interdit de t'emmener sans la permission de ta mère.

L'ordinateur a une belle voix d'homme, grave et douce. Il n'a pas de bouche, bien sûr, pas plus que de corps ni de tête. Ce n'est qu'une machine programmée pour conduire l'auto à la place des humains. Les humains font tellement de gaffes au volant ! Ils conduisent comme des fous. L'ordinateur, lui, est en contact avec toutes les autres voitures. Il n'y a pas eu un seul accident depuis l'an 2054.

Mais les humains sont quand même plus intelligents que les machines, se dit Jasmine. Elle est sûre qu'elle va convaincre l'auto de lui obéir.

— Écoute, ordinateur. Aujourd'hui, c'est mon anniversaire. J'ai neuf ans. Je suis une grande fille, maintenant. Je veux aller chez mon ami Sergéric.

— Je regrette, Jasmine. Je suis programmé pour n'obéir qu'à Fadji.

Jasmine se retient de taper à coups de poing sur le dossier de la banquette.

— Fadji est ma mère, oui ou non ?

— Oui, admet l'ordinateur.

— Ma mère veut que je sois heureuse et, pour que je sois heureuse, tu dois m'obéir. Alors, démarre.

Cette fois, l'ordinateur ne répond pas. Un voyant s'est allumé sur le tableau de bord. Jasmine se mord les lèvres, anxieuse. Tout à coup, le moteur se met en marche et la voiture sort du garage. Jasmine a réussi ! L'auto lui obéit ! Quelle tête va faire Sergéric quand il va la voir arriver ! Il sera vert de jalousie.

La voiture s'engage dans la rue. Jasmine s'installe à genoux sur la banquette pour mieux voir. On croise d'autres autos informatisées. Les voitures ne ralentissent jamais. Elles n'ont pas à freiner : les autos s'entendent pour s'éviter les unes les autres. C'est merveilleux !

— Nous allons chez Sergéric Dumontier, ordonne Jasmine. C'est la rue, là…

L'auto ne tourne pas. Elle continue tout droit !

— Eh ! proteste Jasmine. Ce n'est pas le bon chemin…

L'ordinateur ne dit rien. Jasmine se penche vers le tableau de bord.

— Eh, je te parle !

Pas de réaction. Jasmine se tourne vers la fenêtre. Elle voit défiler les immeubles, les parcs. On roule tellement vite ! Où l'ordinateur l'emmène-t-elle ? Est-ce qu'il est devenu fou ? « Au secours ! » crie Jasmine. Bien sûr, il n'y a personne pour l'entendre.

Enfin, la voiture ralentit. Elle s'engage dans le stationnement d'un gros immeuble. Jasmine reconnaît le restaurant où sa mère l'a déjà emmenée. La voiture s'arrête. La portière se soulève. Jasmine descend, les jambes toutes tremblantes. Elle a eu peur !

Mais qui aperçoit-elle, devant la porte du restaurant ? C'est Fadji, sa mère, toute souriante ! À côté de Fadji se trouvent Sergéric et d'autres amis.

— Bon anniversaire, Jasmine !

Jasmine est un peu fâchée. Elle comprend tout, maintenant : l'auto obéissait à sa mère. Fadji avait donné l'ordre d'emmener sa fille au restaurant. Et Jasmine qui criait « Au secours ! » Est-ce que tout le monde va se moquer d'elle ? Pas du tout. Au contraire, Sergéric regarde Jasmine avec admiration. Il aimerait bien, lui aussi, pouvoir sortir seul avec la voiture.

Mais ce ne serait pas raisonnable, pense Jasmine. Après tout, Sergéric n'a que huit ans !

- Quels indices du texte te permettent de savoir que cette histoire se passe dans le futur ?
- Pourquoi l'auteure dit-elle dans le texte que les ordinateurs conduisent mieux que les humains ?

Travaille avec un ami ou une amie. Posez-vous des questions sur l'histoire des ordinateurs. Essayez ensuite de trouver de bonnes réponses en lisant le texte.

LES ORDINATEURS

Si on parlait histoire

Le boulier

Le boulier, ou abaque, est l'instrument de calcul le plus ancien. Pour calculer avec un boulier, il faut déplacer des boules sur des tiges. Ça ne va pas aussi vite qu'avec une calculatrice de poche. C'est aussi plus compliqué.

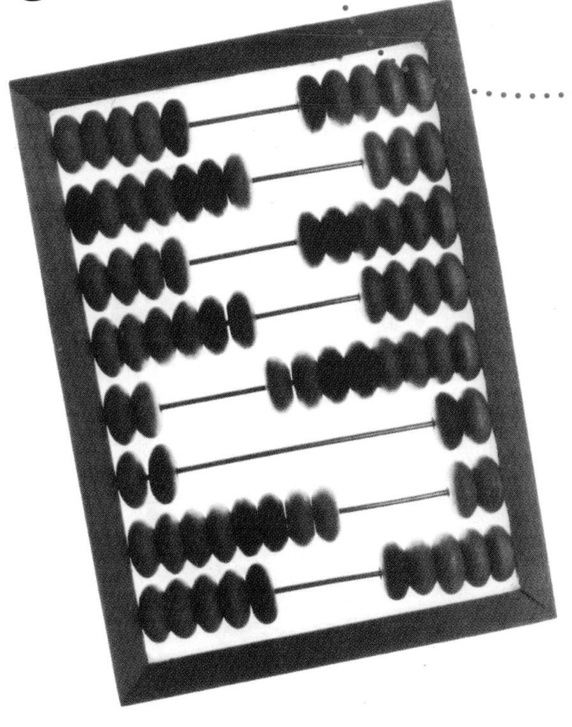

La machine à calculer

En 1643, un savant français de 21 ans, Blaise Pascal, inventa la première machine à calculer. Elle fonctionnait avec tout un système de petites roues dentées. Cependant, elle pouvait faire seulement des additions et des soustractions.

Le calculateur électrique

En 1937, aux États-Unis, on a construit le premier calculateur électrique, le Mark I. C'était un monstre aussi long qu'une remorque de camion ! De plus, pour l'empêcher de surchauffer, il fallait le refroidir constamment avec des tonnes de glace. Évidemment, personne ne pouvait en avoir un à la maison, ni même à l'école !

Le calculateur électronique : l'ordinateur

Le premier calculateur électronique, appelé ENIAC, a été créé en 1946, toujours aux États-Unis. C'était un ordinateur gigantesque. Il occupait à lui seul plusieurs salles et était aussi lourd que quatre gros éléphants. Il pouvait effectuer 300 multiplications par seconde.

ENIAC, le premier calculateur électronique.

La minuscule puce qu'on voit en médaillon ne mesure que quelques millimètres, mais elle est beaucoup plus puissante que l'énorme ENIAC.

Le mini-ordinateur

Les inventeurs ont ensuite réussi à fabriquer des ordinateurs plus puissants et plus petits. On les appelait mini-ordinateurs. Les grandes compagnies pouvaient acheter des mini-ordinateurs, mais ils étaient encore trop gros et trop chers pour les gens.

Le micro-ordinateur

Enfin, dans les années soixante-dix, les inventeurs ont mis au point la puce. Ce n'est pas le petit insecte qui saute et qui pique. Une puce, c'est une tranche de silicium avec des composants électroniques. Sur une puce plus petite que ton ongle, il y a des milliers de composants électroniques. Grâce aux puces, on a pu fabriquer des ordinateurs encore plus petits, les micro-ordinateurs. Les ordinateurs de ton école ou de ton foyer sont des micro-ordinateurs. Ils sont des centaines de fois plus puissants que les ordinateurs des premiers temps.

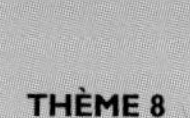

Le « bloc-notes » et la calculette

Depuis quelques années, on peut acheter des micro-ordinateurs portatifs appelés blocs-notes. Ils sont aussi puissants que les micro-ordinateurs, mais ils ne sont pas plus gros qu'un dictionnaire.

Aujourd'hui, les écoliers comme toi utilisent souvent une calculatrice de poche, ou calculette. Dans les magasins, on trouve maintenant des calculettes qui sont presque des ordinateurs.

Les premiers ordinateurs étaient gros comme des maisons. Ceux d'aujourd'hui, qui sont petits comme des livres, sont beaucoup plus puissants. Jusqu'où ira-t-on ?

- Ce texte a-t-il répondu à toutes les questions que tu te posais sur les ordinateurs ? Sinon, quelles questions sont restées sans réponses ?
- Quels avantages les nouveaux ordinateurs ont-ils par rapport aux anciens ?
- Par quels mots peux-tu remplacer les mots en caractères gras dans les phrases suivantes : C'est l'ordinateur de ton **foyer**. Voilà un instrument de calcul très **ancien**. Cet ordinateur **effectue** mille opérations par seconde.

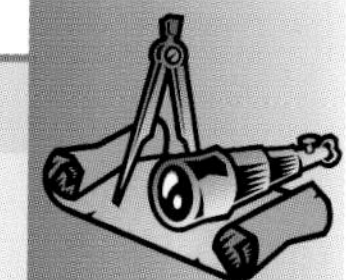

L'histoire des ordinateurs : des pas de géant

Les progrès se font à une vitesse folle dans le domaine des ordinateurs. Voici quelques comparaisons qui te donneront une idée de ces progrès.

- En 1964, sur une puce de un demi-centimètre de côté, on pouvait mettre dix composants électroniques. En 1970, on pouvait en mettre 1000. Aujourd'hui, on peut en mettre plusieurs millions !
- Le prix des puces dégringole sans cesse. Ainsi, en 1985, la puce coûtait plus de 3 dollars. Un an plus tard, en 1986, la même puce coûtait moins de 3 cents !
- Autrefois, pour faire mille opérations par seconde, il fallait un ordinateur gros comme une salle de classe. Aujourd'hui, une puce pas plus grande que ton ongle peut en faire autant.
- En 1800, il fallait trois jours pour calculer la trajectoire d'un boulet de canon. En 1900, on pouvait faire ces calculs en douze heures grâce aux machines à calculer. En 1946, le premier ordinateur, l'ENIAC, les faisait en trois secondes. En 1990, l'ordinateur appelé Cray 2 les faisait en un millionième de seconde. Donc, en 1800, il fallait 300 milliards de fois plus de temps pour faire les mêmes calculs !
- Traiter un million d'instructions dans un ordinateur coûtait 28 $ en 1950. Aujourd'hui, ça ne coûte que des poussières. Si le prix des autos avait baissé autant, tu pourrais t'acheter une luxueuse Mercedes pour... 10 cents !

Se peut-il que les ordinateurs soient plus intelligents que les humains ? Ce texte t'aidera à répondre à cette question que tu t'es peut-être déjà posée.

L'ordinateur est-il aussi intelligent que toi ?

Un bon ordinateur peut faire des millions d'opérations logiques en quelques secondes. Alors les gens pensent qu'il est intelligent. En réalité, l'ordinateur n'est pas intelligent. Il est puissant et rapide, mais il est bête comme tout.

Supposons que tu marches dans la forêt et qu'un de tes lacets se casse. Tu décides alors de faire un nœud pour rattacher les deux bouts de lacet. Tu fais donc un petit raisonnement simple pour résoudre le problème. Tu te dis : « Je vais faire un nœud. » Pas très difficile pour toi !

Eh bien, si tu avais été un ordinateur, tu n'aurais même pas pu faire ce simple raisonnement. Tu aurais marché avec une chaussure détachée. Bien sûr, si tu avais été programmé pour régler ce problème, tu aurais fait un nœud. Mais le raisonnement ne serait pas venu de toi. Il serait venu de ton programmeur. Cette personne aurait écrit dans ton cerveau : « Si un lacet se casse, je dois faire un nœud. » Et toi, tu aurais exécuté cet ordre machinalement, sans le comprendre.

Un ordinateur, ça ne comprend rien, ça n'apprend rien, ça n'invente rien. Un ordinateur ne prend aucune décision par lui-même. Il ne fait que ce qu'on lui dit de faire, et rien d'autre.

Alors, tu vois : l'ordinateur est loin d'être intelligent comme toi !

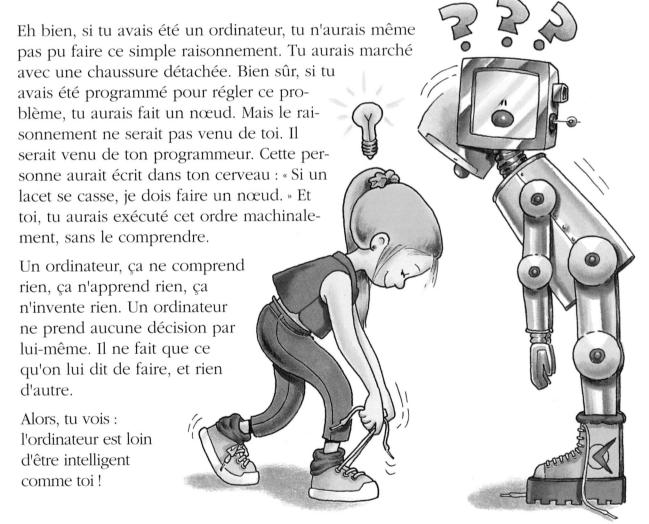

- Après cette lecture, te demandes-tu encore si les ordinateurs sont plus intelligents que toi ?
- Crois-tu qu'un jour les ordinateurs deviendront plus intelligents que les humains ?
- Peux-tu expliquer le sens des phrases suivantes : « Faire des opérations logiques », « Exécuter un ordre machinalement ».

Les ordinateurs ne sont pas aussi intelligents que toi, mais ils ont peut-être une meilleure mémoire que la tienne. Qu'en penses-tu ? Lis ce texte pour te faire une opinion sur le sujet.

Mémoire : l'ordinateur et toi

L'ordinateur a-t-il une capacité de mémoire supérieure à la tienne ? À première vue, oui. La mémoire d'un micro-ordinateur a une capacité d'au moins un million d'éléments. Toi, tu ne peux mémoriser qu'environ sept éléments à la fois dans ta **mémoire à court terme**. Cette mémoire à court terme ne conserve les éléments que trente secondes environ. Si tu n'as pas classé ces éléments dans ton cerveau pendant cette courte période, tu auras tout oublié. Vérifie-le en essayant de retenir une suite de mots quelconque : pomme, clou, lion, marteau, lecture, crayon, jeu, etc. Tu constateras vite les limites de cette mémoire.

Odile Martinez

Aurais-tu avantage à pouvoir mémoriser plus d'éléments dans ta mémoire à court terme ? Pas vraiment. Ce serait comme si tu encombrais ton pupitre de papiers non classés. Les éléments stockés dans ta mémoire à court terme sont donc tout de suite traités par ton cerveau. Il les classe, il élimine ce qui est inutile, il retient l'essentiel. Une fois ce travail fait, le cerveau emmagasine ce qu'il a retenu dans ta **mémoire à long terme**. Cette mémoire a une durée et une capacité illimitées.

Un micro-ordinateur ordinaire pourrait contenir dans sa mémoire un livre de 45 000 pages de texte. Ce n'est pas beaucoup à côté de tous les souvenirs conservés dans la mémoire à long terme d'un être humain. Si on transcrivait sur du papier tout le contenu de la mémoire de ton père ou de ta mère, il faudrait des dizaines de millions de pages ! Tu vois que tu as une capacité de mémoire bien plus grande que celle des micro-ordinateurs.

- La mémoire des ordinateurs est-elle supérieure à la tienne ?
- As-tu saisi la différence entre la mémoire à court terme et la mémoire à long terme ?
- Fais le bilan des connaissances que tu as acquises dans ce thème en comparant les performances des ordinateurs aux tiennes.

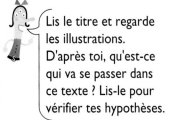

Lis le titre et regarde les illustrations. D'après toi, qu'est-ce qui va se passer dans ce texte ? Lis-le pour vérifier tes hypothèses.

Yehudi 999

Bip... chissssss... bip ! Je me réveille en sursaut. Le valet de chambre automatisé m'apporte mon petit déjeuner. « Est-ce que Monsieur va bien ? » dit la voix métallique fort polie et fort agréable. Yoko télécommande l'ouverture des stores des fenêtres. Il me souhaite bon appétit et quitte discrètement les lieux.

Un lourd silence règne dans ma chambre. D'abord, je n'y prête pas trop d'attention. Je pense au train magnétique de 9 heures 30 que je ne dois pas rater. Sous la douche à ultrasons, je réalise soudain que Yehudi 999 ne m'a pas réveillé. Je lui avais pourtant commandé une pièce de musique classique. Serait-il en panne ? J'espère que non. Mon Yehudi a un doigté si fin et si puissant, un jeu d'une si grande adresse ! C'est un androïde musicien bien supérieur à tous les autres. Yehudi 999 choisit même si bien ses pièces musicales que je me suis souvent demandé s'il lisait dans mes pensées. Mais où est-il donc passé ?

Avec ses deux mètres de hauteur, Yehudi ne passe pas inaperçu. Son teint pâle d'acier le fait ressembler à une espèce de géant mécanisé. Je m'inquiète. Peut-être est-il en révision de programmation ? Peu probable, toutefois, car ces androïdes peuvent fonctionner pendant plus de quarante ans sans mise au point. Mais Yehudi 999 est un modèle si unique... Je me renseigne à son sujet au CCGER (Centre de contrôle et de gestion des entités robotisées). Je n'y apprends rien, sinon qu'il n'est enregistré nulle part. Étrange !

Mais je dois me rendre au travail. J'enfile machinalement ma combinaison sanitaire et je fonce vers la station du magnétique. Dans les corridors souterrains, je me trouve soudain face à un attroupement qui me bloque le passage. C'est bien ma journée ! Et voilà que j'entends ce son de violon qui remplit merveilleusement tout l'espace.

Yehudi est là, debout devant la foule immobile, charmée. Il a une sorte de sourire métallique qui dégage une joie profonde. Malgré sa grande taille, ses mouvements sont infiniment gracieux. Je m'approche et l'observe. Un moment, je suis tenté de l'interrompre, mais je me ravise. Je suis envoûté. Le morceau terminé, je me sens bouleversé, paralysé par l'émotion. Aux pieds de Yehudi, dans un casque, les gens ont jeté des centaines d'anneaux de platinum. Mais que pourra en faire mon androïde, lui qui se soucie peu de l'argent ?

Je m'approche doucement. Me reconnaîtra-t-il ? J'ai l'impression de découvrir un être différent, un robot presque humain ! Je n'irai pas travailler ce matin. J'ai bien mieux à faire. Yehudi et moi, nous allons marcher ensemble au parc, s'il le veut bien.
Un robot capable d'interpréter si magnifiquement une musique de Bach est-il toujours un robot ? Il y a là un grand mystère qui me trouble.

Et je me mets à penser... à nous, les humains de l'an 2098. À nos gestes machinaux, à nos conversations enregistrées, à nos réalités virtuelles. Serions-nous devenus moins humains que nos androïdes ?

- Pourquoi Yehudi 999 est-il si extraordinaire ?
- Quelle question troublante le narrateur se pose-t-il à la fin de l'histoire ?
- Trouve dans le texte un synonyme de « robot ».
- Que veut dire la phrase : « Je suis envoûté. » ?

Se rappeler l'orthographe d'un mot

Skripta, j'ai beaucoup de difficultés à me souvenir de la finale de certains mots au masculin. Il faut souvent mettre à la fin une lettre qu'on n'entend même pas ! Pour moi, ce sont des lettres mystères !

Dans ces cas-là, Nespa, essaie de mettre le mot au féminin.

Observe :

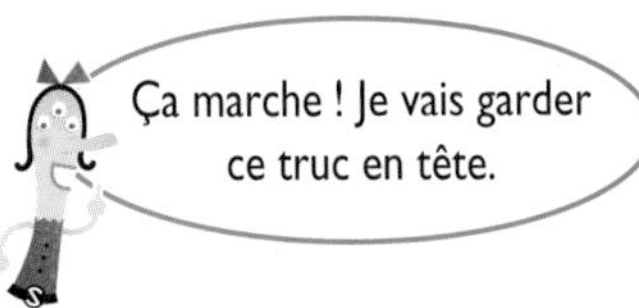

Ça marche ! Je vais garder ce truc en tête.

amusan **?** *amusan**te** : amusan**t***

peti **?** *peti**te** : peti**t***

gran **?** *gran**de** : gran**d***

J'écris, tu écris…

Aimerais-tu, toi aussi, qu'un robot perfectionné soit à ton service ? Imagine ton androïde et décris-le.

Réfléchis à ton texte.

- Comment ton robot s'appelle-t-il ? Décris son allure physique.
- Quelles sont ses caractéristiques ?
- À quoi sert-il ?

Mets tes idées en mots.

- Mets tes idées en ordre.
- Forme des phrases complètes.

Relis, vérifie et corrige ton texte.

- Demande à un ami ou à une amie de lire ton brouillon. Fais bien attention aux verbes **être** et **avoir**.

Finalise ton texte.

- Si tu aimes ton texte, mets-le au propre et conserve-le.